被動致富

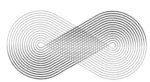

Be Made Rich

翻身成為人生勝利組的五大關鍵

培養致富體質，讓財富被你吸引
擺脫追逐金錢的型態，讓錢追著你跑！

吳子賢（里歐先生） 著

序

I

三觀要正，尤其是金錢觀

II 關於財商你一定要知道的事

III

投資理財必懂觀念

IV 人生的資產不只是錢

V 財富是累積的結果

結語

序

推薦序

看完這本書你會學到在學校不會教的投資理財知識，而這些往往都是社會走跳必備的基本要求。對於大多數人來說，投資通常不是一個需要花費大量時間主動操作的事情，初期研究一個長期能簡單獲利的策略就好，這正是所謂的被動投資。一般人花費時間與精力在自己的能力精進，所帶來的收益往往是大於投資的，在還沒有累積一定的資產時，花太多時間在投資操作上不是一件符合期望值的決策。將注意力花費在學習與創業、將獲利投資在簡單穩定的投資，或許才是你應該思考的模式。目標並不是賺越多越好，而是找到一個生活與財富平衡的人生！

工具王阿璋、《打開網路就有錢》作者

呂明璋

千百年來，人類不斷地追求財富，可惜大部分的人對於財富的認知都只源於原生家庭，有些家長致力於培養孩子，希望孩子好好讀書，才能上好的大學，未來才能有好的工作，才能結婚成家買車買房。往往是這樣的教育方式，造就了社會上百分之八十的人。難道好好讀書，好好存錢，就能過上想要的生活嗎？財富到底是什麼，每個人的認知都不一樣，但是這本《被動致富》很完整的勾勒出人生每個階段對於財富狀態的藍圖，讓讀者能用一個透明、健康的方式了解財富，看透人生，與其汲汲營營的追求財富，透過書中的觀念，可以一步一階的建立自己的財富基本盤，早日為自己的人生開始做規劃，做一個財富磁鐵。

財富知識型百萬流量網紅
三分鐘漲知識財怪

我們可以大膽地說，在這個地球上絕大多數的人都希望能夠擁有更多的財富，以過上更無拘無束的生活。只是為什麼能夠達成財富目標的人，往往都還是少數呢？子賢利用這本《被動致富》將很多概念用簡單易懂的方式呈現給大家。過去不少人聽到跟錢有關係的話題都會逃避，畢竟有不少人認為一個人的財富跟他的「命運」有直接關聯，但實際上真的能夠擁有財富，是與「選擇」才有直接關聯。透過一些故事的舉例，以及加入自身的經驗與思考，這本書能夠讓專業的人用淺白的方式教人理解金錢觀，就算是財商小白，也能透過裡面鮮活的例子放下對金錢的恐懼感，甚至能夠掌握一些未來足以改變人生的觀念。這本書推薦給每一位希望能夠對金錢更深入了解的大家！

思維槓桿 Podcast 主理人＆財務顧問

米克

在財富累積這條路上，可以說百分之九十都是心態和觀念，有對的觀念就會慢慢引導自己吸引和創造財富。如果觀念不對，連開始都不會開始。為什麼有人會在事業上傷痕累累，不管怎麼做都沒有辦法更上一層樓，有些人卻走得很輕鬆，一年做得比一年好。或許起步的時候，只是觀念之差，搭配上日積月累的「每日的選擇」，讓他們越差越遠。這本書使用親身經歷的例子來讓讀者可以容易理解一些比較難懂的金錢觀。這是我很喜歡用在教學的一個方式，我認為身為好的講師，你不是要提供所有相關的知識，而是挑選對的方向，並提供活潑的例子讓讀者牢牢記住。唯有記住了，我們才能期待在生活中運用這些知識，而運用則是改變的關鍵。

自由學院創辦人

Yale Chen

只要你有呼吸，就跟錢脫離不了關係

常常跟身邊朋友聊財務相關話題，然而聽到最多的，都是不知道該怎麼提高收入、害怕投資賠錢、沒錢不敢結婚，或者結了婚不敢生小孩、想買房買不起、退休金不知道該怎麼準備等等困擾。有的朋友也不是真的要大富大貴，可能只是想要安穩地過，但他們發現，一旦錢不夠，連安穩都不是件容易的事。

即便不做任何投資，放在銀行的錢也會被通膨逐漸吃掉。這世界從來不會因為你沒做任何冒險就對你仁慈，所以為了過上平穩些的日子，還是得把財商這門課給修了，不然當掉你的絕對不會是大學教授，而是「現實」！

有人可能期待從書內得到一夕致富的祕密，但我負責任地先告訴你，你肯定「找不到」。因為這本書不是葵花寶典式的祕笈，它更像是一本思維手札，記錄的是我在邁向財富自由之路時，影響我至關重要的一些觀念，而這些觀念最後讓我「被動致富」。我意識到，只要想通了某些思維，並能持續按照這些思維生活下去，最終你會發現「錢」慢慢就聚集在身邊了。

我不會說「錢」是最重要的東西，但它絕對是必須的，畢竟這個世界上大部分的必需品都是「明碼標價」的，食衣住行育樂皆是如此。你如果想要活得自在，你也會需要更多的錢，如此一來，弄懂這個世界的金錢規則就極其關鍵！

越晚弄懂，掙扎期就越久。記得有次我跟一個朋友聊天，她跟男朋友交往七年了還沒結婚，我好奇地問她：「沒有考慮過結婚嗎？」她回答：「我們兩人收入都不高，也沒多少存款，如果結了婚可能就沒有未來，更不敢考慮生小孩，只好先這樣耗著。」我聽完一陣驚恐，所謂「耗著」就這樣一耗七年！我想到李笑來寫的《七年就是一輩子》，因為擔心錢，這個朋友就耗掉「一輩子」，人生有幾個七年可以這樣耗著啊？

更有朋友因為急於獲利，跟銀行貸款去投資，結果不幸虧損後，花了七年來償債，又是「一輩子」過去了……如果在遇到這些抉擇之前，我們先把觀念養好養滿，就可以省下無數「一輩子」的時間了！

有人說他要的不多，只求無憂無慮，但說實在的，無憂無慮容易嗎？你必須不煩惱生計問題，甚至有餘力追求自我，還能妥善處理身邊一切關係。看起來簡單的追求，實質上很難啊！我寫書的起心動念，正是希望藉由分享我的經驗，讓讀者在尋求更好的未來時，知道該往什麼方向去，能用更有效率的方式成長，最終達到妥妥的「被動致富」。

作者
吳子賢

I

三觀要正，尤其是金錢觀

1 你不認真看待，就被認真屠宰

我很喜歡一則寓言故事。

一個國王遠行前，交給三個僕人每人一錠銀子，並吩咐他們：「你們去做生意，等我回來時，再來見我。」

國王回來時，第一個僕人說：「主人，你交給我的一錠銀子，我已賺了十錠。」於是國王獎勵他十座城邑。

第二個僕人報告說：「主人，你給我的一錠銀子，我已賺了五錠。」於是國王便獎勵他五座城邑。

第三個僕人報告說：「主人，你給我的一錠銀子，我一直包在手巾裡存著，我怕丟失，一直沒有拿出來。」於是國王命令將第三個僕人的那錠銀子，賞給第一個僕人，並且說：「凡是少的，就連他所有的也要奪過來。凡是多的，還要給他，叫他多多益善。」

這則故事告訴我們，如果我們不試著努力賺錢，很可能連手上僅有的少許財富都被奪去！這就是「馬太效應」。在這樣一個體制下，你將發現財富分配上永遠沒有「公平」這件事，有錢的人相對擁有更多競爭優勢，他們可以取用更多資源，然後用擴大的優勢賺到更多的錢。社會觀感可從來不會憐惜弱者，只會認為那就是對於「懶惰」的懲罰，誰叫你不努力賺錢呢？

與其賴在公司無所事事，等待主管哪天心情好突然幫你升職加薪，不如起身趕緊做些什麼讓他看見吧！否則你會發現升職加薪的人，還是那些檯面上最活躍的人。「社會不養懶人，公司不養閒人。」這就是真理，在財務上更是如此。當你不花心思、不去研究，只懂得讓錢躺在銀行裡的話，你的錢就會被通貨膨脹啃蝕掉，這就是社會懲罰老實人的方式。你越踏實地存錢在銀行裡，資本家就有越多資本可以運作，最後大家還要為他們經濟上的活躍付出代價——「通貨膨脹」。當然，通貨膨脹是公平的，在每一個人身上都會發生，只是發生的時候，你是被屠宰的？還是受益的？

對一般人來說，你如果不做任何財務規劃，你就只能被屠宰，眼睜睜看著物價上漲：食物變貴、房租變貴、婚禮變貴，連晚上想慰藉自己辛勞的一杯酒也越來越貴……。天秤另外一端的人，他們很開心自己認真烹調的食物賣得更貴了，認真打拚購買的房子能高價出租了，替人用心設計的婚禮企劃更加值錢，最後販賣快樂的小酒吧也確實讓快樂越來越高價。

社會上隨處都充滿馬太效應，唯有如此才會鼓勵更多人辛勤的工作，我們能做的僅僅是選擇：在這樣的規則運作下，該選擇怎樣的生活方式？現實就像一個大草原，一個好的生態體系一定同時有獅子跟羚羊，因為草原需要牠們。無論是何者都得努力奔跑，只是目的不同罷了。獅子努力跑是為了填飽肚子，而羚羊努力跑是為了活命，最終被吃掉的一定是跑最慢的那一隻！

所以你越懶惰，肯定越容易被屠宰，繳越多「智商稅（註）」！就像平常不讀書，遇到考試當然很難過關。想要擺脫貧窮，最直接的方式就是認真吸收跟賺錢有關的資訊，花足夠多的心思去賺錢，學習投資理財，不斷開源節流，把錢按照你所學習到的最佳安排做配置。當然這樣並不會讓你一夕之間變富有，但至少足以讓你不當「跑最慢的那隻羚羊」！跑著跑著，也許你就有機會變成獅子，換你追著別人跑了。

《我喜歡這個功利的世界》一書中說得挺好，這個世界非常功利，但，在功利的背後，揭露了真正的遊戲規則：「當你不夠強，連一個機會都沒有。當你夠優秀，至少有一萬個機會朝你湧來，擋都擋不住。」銀行正是把這個道理做到極致的一個機構，當你沒有能力的時候，要跟銀行借一點點錢都是很困難的，即便借出了也要付高額的利息，然而當你變成有錢人，銀行反倒願意借你大筆大筆的資金，甚至提供超低的利息，還會笑著問你要不要再多借一點？

貧窮的人變得更加貧窮，富裕的人變得更加富裕，這就是馬太效應下會產生的狀況，努力讓自己變強是唯一正解。你手上擁有改變人生的鑰匙，要怎麼選擇都在你的一念之間，但如果你問我，我會怎麼面對這樣的世界，我會誠實地回答你：「假如可以選擇，不管重來多少次，我都要成為『有錢人』！」

能當獅子，就絕對不要當羚羊。

註：智商稅，又稱低智商稅，網路流行詞，是指由於在購物時缺乏判斷能力，也就是低智商的表現，花了冤枉錢，這些冤枉錢就被認為是「交了智商稅」。

2 談錢傷感情，不談錢連感情都沒有

多數人都避諱跟身邊的人談論金錢，覺得這樣太市儈了，特別是跟最親近的人相處，不想要把關係經營得這麼現實。但我必須要說，當你這樣想，你就很難經營好身邊的關係。為什麼呢？因為錢就是支撐關係的基石之一啊！

你也許聽過，有人在愛情跟麵包間不知該如何抉擇，甚至苦惱很久。這是個假議題，因為想要有長期穩定的伴侶關係，怎麼可能少得了麵包？什麼「有情飲水飽」，根本就不可能，只喝水肯定會死的，生物學已經告訴你了，你試都不用試！進入婚姻關係後，再也不只是一個人的事，而是一家人的事。誰都不希望家人跟著自己受苦，不是嗎？既然如此，那物質條件當然會列入重要考量，可以的話，誰都希望結婚後是一加一大於二，兩個人過生活要比一個人過更加有品質，才有誘因。你如果想要找到理想伴侶，那麵包就要給得起，要知道，幾乎沒有人會在六塊肌跟六間房子之間，選擇六塊肌的。

這不只對男人適用，女人也是一樣。經濟獨立的女性更容易找到優質伴侶，更重要的是，還能夠有進退場的選擇權。有些人交往後就把經濟依附在對方身上，一旦遇上重大爭執或衝突也只能委屈吞忍，無法果斷離開，原因就只是「沒有經濟能力」。天啊！不就是賺錢而已，如果有能力就自己賺吧！賺錢雖然辛苦一點，但肯定不會比沒有尊嚴的生活還辛苦的，相信我，「寧願各自經濟獨立，也不要在對方的供養下委屈求全」。

朋友圈也是一樣的道理。當你沒有實力時，能得到的幫忙相對較少，因為朋友援助你並不能得到高價值的「回饋」。大部分的情況下你都是索取的那方，而多數人都不喜歡單方面被索取。但當你有資源幫助別人時，因為彼此之間有了互相交換的本錢，你能得到的幫助也會變多！所以，交朋友也是很講求現實面的，這也是為什麼通常有資源的人，身邊的人脈都比較廣。俗諺有句話說：「貧居鬧市無人問，富在深山有遠親。」想要有好的人際關係，勢必要創造出自己「被利用」的價值，否則不會有太多人想花時間在你身上，畢竟大家都挺忙的不是嗎？

因此，想要拓展更寬廣的人脈，你肯定要讓自己習慣談錢的。大部分的人都喜歡能替自己帶來更多機會的朋友，所以如果你的資源能夠協助對方變得更好，那自然朋友就想靠近你，因為有誘因嘛！在你還沒辦法給予價值的時候，你唯一要做的就是拚命想辦法學東西，更直接快速的就是拚命賺錢。等你賺到錢了，自然會有人靠近你，至少跟你相處不用怕被索取，這也是一種公平的價值。

無論你想經營好哪種人際關係，都要知道，好的金錢基礎才能建立相對穩定的關係。如果你對身邊的關係有所期許，不要想太多，認真賺錢就對了！同時也要認真跟人談論金錢，問問那些比較有錢的人，怎麼樣賺更多的錢，然後學著一起賺。當你們的水平變得接近時，你就會發現自己的人際關係又進步了一些。我很喜歡美國知名企業家吉姆．羅恩提出的「五人平均值理論」，你現階段花最多時間相處的五個人，你的財富智慧就是他們的平均值，所以積極的換圈子也是一種提升自我的方法。

我們在交友圈內談錢，不是學別人怎麼賺錢，就是教別人賺錢，無論哪種你都不會吃虧的，談著談著你自然就成長了。跟比你會賺錢的朋友談錢，你會提升自己，因為「學到」了；教會別人賺錢，你也提升了交友圈水平，所以「得到」了。這種不是學到就是得到的事情，不做的人是傻瓜！

最後警惕一點，如果你遇到有人跟你說錢不重要，絕對絕對，離他越遠越好！因為這個人肯定沒什麼錢。通常都是因為沒錢，所以自我安慰錢不重要，否則任何一個足夠成熟的人都應該明白：錢，肯定很重要。

還是，你想在愛情跟麵包之間做選擇？要知道，只有擁有足夠金錢的人，才有資格談純粹的感情。

3 賺錢就是貢獻價值最好的方式

有一次，我跟一位當上班族的朋友聊天。談到賺錢這件事，我問他，為什麼你沒想過多賺一點錢呢？他說，因為好像賺很多錢的人，都會有點壞，他老闆就是這樣，經常要求員工加班或者占員工便宜，他不要自己變成那樣的人，希望自己能夠保持良善。聽完我簡直驚呆了，不是因為他的老闆很壞，而是這位朋友，竟然以為會賺錢就等於是壞人？這絕對是非常大的一個誤會啊！

要知道，錢本身就是中性的，頂多只能算是個放大鏡。如果有人是個王八蛋，有錢後他也只會變成有錢的王八蛋；本身善良的人，有了錢他就會做更多善事。這些結果都是人為選擇造成的，跟錢本身沒有關係啊！認真要我說，我認為會賺錢的人相對是勤勞的貢獻者，因為在現實社會中，你若沒有貢獻價值，其實是很難賺到錢的！

舉例來說，如果有間餐廳，對食材偷工減料，服務不甚用心，價格又貴，那基本賺不到什麼錢，很快就經營不下去了。相反的，若用料實在，服務真誠，價格實惠，那生意自然好很多，賺的錢就多。畢竟客人可不是笨蛋，從各種細節中都看得出來一間店是否認真想要貢獻價值給客戶。能賺得到錢都是因為對社會做出貢獻。甚至貢獻越多價值的人，賺得就越多。

我很喜歡看書。你是否想過，買書的時候，這麼多本書要怎麼選擇呢？長久的經驗讓我發現一件有趣的事：通常挑經典書籍、再版次數多、銷量高的就對了。這些書能夠長久流傳，甚至飄洋過海被編譯成好幾種語言，銷量居高不下是有原因的，代表讀者給予這本書高度的正面肯定。作者所創造的內容價值必然是很高的，否則不可能得到這樣的結果。

任何事物若不被需要，是很難賺到錢的。換個角度說，你的工作只要滿足社會上的需求，並且創造出龐大的價值，那你就能賺到很多錢！如果你希望成為一個「善人」，我會鼓勵你去賺很多很多的錢。要賺到這麼多錢，必須被社會肯定才有辦法做到，甚至你還能把賺來的錢再拿去做善事，這樣的善才是更有效率的，因為你能夠「持續」。如果我們不斷「掏空自己」去做善事，但你的資源卻因為給出去而越來越匱乏，遲早有一天你會「斷炊」，到時你縱使有再好的心腸，都無能為力了。

當然賺錢的方式很重要，所謂「君子愛財，取之有道」，真正的貢獻是雙贏的，透過給予讓雙方得到滿足，而非透過掠奪，很多人以為做生意一定只有奸商才能賺到錢，甚至流傳「無奸不商」。這誤會可大了，原文其實是「無尖不商」，指古代賣米的商人，在賣米的時候，除了要將米斗裝滿之外，額外還要多給一些，讓斗裡的米「冒尖」，盡量讓利。一來好看，二來讓購買者取得更多實惠，好搏得回頭客。有了回頭客，生意才能持續長久地做下去。

生意的本質是「讓陌生人都滿意」。如果做得到，業績自然而然蒸蒸日上。每個人在工作上都應該追求這件事——只要讓客戶滿意就能賺到錢。這是最簡單的工作目標。達到這個目標再來思考，我如何讓更多人滿意，或者出乎意料地滿意，如果能做到就能賺更多更多的錢！轉換這樣的思維方式，你就會非常樂於投入賺錢這件事了，不斷地讓自己工作增值，收入增值，貢獻也增值。

賦予賺錢這件事意義，你就會發現除了賺錢，你賺到的更是成就感，這個世界因為你的貢獻而變得更加美好了。賺的將不再只有錢，還有幸福。你要相信，任何一個工作都有其存在的意義，你必須找到工作的意義，才不至於成為金錢的奴隸。你的存在一定對這個世界有所貢獻，請把你工作的價值寫下來，並且努力思考，該怎麼做到極致，在工作中賺到更多的錢，甚至在工作以外，還可以怎麼賺錢，創造出更多價值。打破自己對於金錢的框架，以價值為導向，收入自然會跟上。

最終你會發現，你能賺到的錢等同你貢獻出的價值。社會只是一個秤，負責幫你計算價值的重量、支付酬勞而已。

4 圈子不對，你也很難做對

大家應該都聽過「孟母三遷」這個故事吧？

小時候，孟子住在墓地附近，跟朋友玩著玩著就學會辦喪事了，可能回到家跳了一堆奇怪舞步加上唸咒語嚇到孟母，孟母趕緊搬家到一個市場附近。孟子從小就展現出好學的天分，這次剛好旁邊是豬肉攤，叫賣聲聽久了，孟子回到家就搬演叫賣殺豬環節，結果又嚇到了孟母，只好再次搬家。最後搬到一個學堂附近，讓孟子看著附近鄰居都勤樸地上課學習，這才安了孟母的心。

孟子最後成為舉世聞名的大思想家，你認為這是巧合，還是有跡可循呢？環境不一定是影響一個人成就「最」重要的因素，但肯定相對重要。因為人的學習能力極好，從小我們就自然會模仿父母的舉止。人家口中的「家教」，基本上就是你居家日常中學到的一切知識與技能。

上學之後，經常相處的同學變成我們的模仿對象，總是想學看起來很酷的那些人，做看起來很酷的事情。當時不夠成熟，長大之後回頭看，往往發現以前覺得很「酷」的事情，原來挺蠢的。例如，我自己讀高中時，才剛買機車就想去山上飆車，結果才買第一週的新車，就這樣陪著我雷殘了……當下即便全身是血，還要忍痛站起來，說著沒事沒事，扶起車再撐著回家，總覺得不能丟了面子。現在想想，真是不要命啊！簡直蠢到極致。如果重來一次，我絕不再裝「酷」，直接大喊：「趕快幫我叫救護車！」

出了社會也是一樣，剛出社會時你也會先模仿同事，做著大家認為理所當然的事情。譬如工作時，我們想盡辦法做一個「薪水小偷」，大家很認真討論該怎麼做才能花最少的力氣，又領到最多的錢。於是，上班時間使盡辦法偷閒，下班時間拚命加班，就是要爭取最多的加班費。甚至有人說連上廁所都是有產值的，畢竟你的時薪照算！

後來我才明白，原來以前這樣子摸魚，只是在浪費自己的生命而已。能夠早點把事做完，趕緊回家陪伴家人或者抽時間去學習，比起加班費有意義多了。與其不停躲進廁所混薪水，不如多想想怎麼幫助老闆提高營收，至少老闆看到我的認真努力，還能收獲一點好感，從上廁所這件事，他肯定看不到員工的潛力，這一點我非常確定。

再後來創了業，跟越來越多優秀的人共事後，才發現根本沒有人想逃離自己的工作崗位，幾乎都是非常喜歡甚至熱愛。大家討論的話題都是怎麼把工作做得更好，彼此之間該如何協助等。由此我突然意識到，以前總是想逃離工作，是因為自己真的沒那麼喜歡。後來發現「與其每天想逃離生活，不如積極追尋自己想要的環境」，工作本來就是生活的一部分，只要找到自己喜歡的工作，自然不會想逃避。

身邊的交友圈極其重要。跟每天抱怨工作的人為伍，你很難不參與其中，畢竟人的自制力有限。如果有人推你一把，問你下班後要不要去Happy一下呢？通常你還是會去的。但如果換個圈子，身邊是一群相對積極的人，每個人都在談論如何提升自己、拉高產值，熱衷於學習與賺錢。相信我，潛移默化之下，你也會變得力圖進取，因為在積極的人身邊，放任自己懶惰可是會有罪惡感的。

「人是環境的產物。」企業家吉姆．羅恩提出「五人平均值理論」，他強調人必須時常審視自己的人際關係，你現階段花最多時間相處的五個人平均起來成為當下的你。所以如果你有很多目標想完成，最快的方法就是讓自己置身於正在執行的人當中，把你的想法從「我怎麼可能做到」轉換為「他們都做得到，我怎麼可能不行」。所以，你如果想改變些什麼，就趕緊換到一個許多人已經達到你理想狀態的圈子，這件事尤其重要。

古語說：「夏蟲不可語冰，井蛙不可語海，凡夫不可語道。」就是告訴你，見識淺薄的人是沒辦法協助你改變的。就像生病要看醫生；想學廚藝，就去廚藝教室跟高手學；想學投資理財，就去找有實績的財務顧問或老師。看看別人都怎麼做的，讓自己也做到就好了。千萬不要胡亂找人就問，有時候你問親朋好友，不如上網 Google 正確且具有公信力的資料。記住，你是為了得到「最好的答案」，而不是「最方便的答案」。對於知識而言，「正確」遠比「方便」來得更重要。

不要小看環境的力量，除了提供好的交友品質，更是提供舞台讓你去發揮才能之處。巴菲特說過：「我認為在個人財富的累積上，社會才是真正的幕後功臣。如果我身在孟加拉或秘魯這類國家，所有的才智都將無用武之地。在市場經濟的系統下，正好能讓我充分發揮專長。」即便是巴菲特，如果他不是身在美國，可能也很難成為股神。假使你學了很多知識與技能，就要找個能讓你發揮的舞台去實踐，你才有機會大展拳腳。

人的學習能力很強，關鍵就在「你跟誰學」。把自己放對位置，才會容易做對事情。利用環境來推動自己，是快而且有效率的方法。

5 沒能力都是藉口，沒有人天生什麼都會

有時候跟朋友聊天，有些人會說，真羨慕你懂這麼多東西，能賺到許多錢，像我什麼都不會，就只能上班。我每次聽到都忍不住翻白眼，原因在於，我現在擁有的專業知識也是花心思學來的，又不是一出生就會，誰出生就有能力賺錢呢？當然，除了體重跟年紀是不用學習就會成長的，大部分的能力都是學來的不是嗎？即便是上班的技能，肯定也是學來的，我就不信有人一出生就天賦異稟，這個嬰兒應該當商人，那個嬰兒應該當醫生，那個嬰兒應該當清潔工，又不是玩 RPG 遊戲，哪有一出生就注定好職業跟技能的事？既然如此，我們想做什麼就去學吧！不要用「我不會」的藉口來搪塞，這不過是逃避心態作祟而已。

我觀察發現，習慣說「我不會」的人，其實就只是不想為了目標負責而已，學自己沒學過的東西當然很累，學習過程中遭遇挫折一定也很崩潰，但是如果「學不會」，自己的生活也不會有任何改變，有什麼比知道自己無法進步更讓人沮喪的？更好的生活、更好的人生，相對要承擔的東西一

定更多，也就是因為承擔了這些才會爭取到「更好的」，幾乎你看到的強者都是如此，然而為什麼這群人會如此熱愛學習、勇於探索陌生的領域？其實就一個原因，因為「值得」！

學會了這些「我不會」的事情，就能做自己想做的事、賺更多的錢、交到更多朋友、找到喜歡的工作、找到理想的伴侶、環遊世界、吃各種美食，甚至不用為了生活繼續工作……說不完的好處！如果以上提及你的夢想，那請開始思考，將「我不會」轉變為「我可以學」，相信我，這樣的思維轉換就是翻轉整個人生的契機，因為這代表你開始為自己的目標「負責」。

我在高中時期，假日會在餐廳打工，一整天工作下來薪水是台幣一千五百元，相當於兩週的伙食費，但是每次回到家卻累得躺下就睡著，生活毫無品質可言。持續了一陣子之後，我發現雖然這份工作可以養活自己，卻同時犧牲了假日與休閒時間，這當然不是我未來想要的生活。

我重新思考了一下，目標很明確：賺大錢！而且不要被生活逼得喘不過氣只剩工作。我非常認真地找尋方法，參考了全球十大富豪的經歷，看看這些富豪都是如何賺錢的。結果發現，他們靠兩件事致富：「創業」與「投資理財」。從此，我確定這是自己這輩子一定要學習的目標，也因此大學時期我決定唸財經系，直到後來出社會也都是往這兩個方向探求機會。

可想而知，過程十分痛苦。一路上因為經驗不足、學識尚未成熟，導致投資跟創業都賠掉不少錢，但如果這樣就放棄，那我永遠追不到人生目標，所以只好咬著牙繼續學。起初我不喜歡閱讀、上課，但不學就克服不了問題，自己選的路跪著也要走完，就這樣堅持了至少五年以上，才慢慢有些經驗可以閃開低級錯誤，開始有被動收入。這個過程真的極為辛苦，有時候甚至會懷疑自己是不是沒什麼才能，才會做不好這些事。

後來回頭看，發現這就是成長的過程啊！學習一件艱深的事多少都會遇到「撞牆期」，很多人都在這邊撞死了，放棄了，唯有把那道牆「撞破」的人才能得到最後的寶藏。如今，我仍在追逐夢想的道路上前進，比起一開始「什麼都不會」的我，現在累積了一些能力後，走起來有稍微輕鬆些了。學習對我來說也已經變成日常，具備了這些技能跟習慣，花些時間就能解決大多數的問題，如果你要問我累不累，老實說，過程並不總是愉快，但成果真的很「值得」。

想像成爬山吧！往山頂去的過程一定比較累，但等你爬到山頂後，會發現向下遠眺的風竟然是這麼美。學東西也是如此，先把「能不能學會」放一邊，問問自己，到底要不要？如果要，就使勁學，拚命爬，別給自己這麼多藉口，別還沒上路就說你爬不了，更不要還沒爬上去就嫌山頂的風景不漂亮，你根本都沒看過就別騙自己了。對自己的目標負責任，是唯一能夠改變自己的方式。有人會說，整個過程可能很厭煩，但搞清楚一點，過程你未必喜歡，但「結果」你一定會迎來快樂，那你要不要為了這個結果去做呢？能夠享受過程固然是最棒的，即便不能，你也應該堅持，很多事情本來就是「先做應該做的，才能做喜歡做的」。

《有錢人想的和你不一樣》有句話說得很好：有錢人相信「我創造我的人生」；窮人相信「命運發生在我身上」。

把「我不會」改為「我可以學」，你就能從被動改為主動掌握自己的人生。

6 仇富，是因為你無能

一個人什麼時候會有嫉妒心出現？其實就是「想要得到但得不到」的時候。

記得在我小學的時候，流行一款電動遊戲機（Game Boy），班上有個同學，他家境很好，只要出了新遊戲，家裡就會買新的卡帶給他，我們都會跟他借著玩，但想借的人太多了，有時候借不到就會有些生氣，會酸說那款遊戲評價很差啦！不好玩啦！甚至還會仇視，覺得這個同學還不是家境好，否則哪可能過得這麼爽？到最後還想聯合其他同學一起排擠他，想讓他知道家境好也沒什麼了不起的。

長大後才開始意識到，原來當時自己出現了「仇富」心態，玩不到遊戲機就開始生氣。認真要說，氣的也不是他，氣的是「自己」，為什麼沒有能力玩到這個遊戲呢？非得要跟同學拜託才能滿足自己的欲望。其實自己並不討厭這個同學，甚至很感謝他曾經借自己玩遊戲機，但也許是自尊心過不去，覺得把他視為敵人會讓心裡好過一點，騙自己這個東西不是自己要的，或根本不想跟這樣的人來往，即便他有遊戲我們也不屑與之為伍。

很幼稚對吧？重新審視這段經歷，我意識到，有時候人做出來的事情不完全理性，我們會因為自卑做出很多讓人匪夷所思的行為，但這沒有任何意義，因為我就算嘲諷、排擠對方，還是玩不到那個「遊戲」！這只會讓我離想要的東西越來越遠而已。其實我該做的是跟這個同學打好關係，讓我們的交情變得更好，這樣他就可能將借出遊戲的第一順位給我，我才會達到我的目的。這件事我竟然在出社會時才想通，還好損失不大，也不過是少玩了一些遊戲而已。

真正重要的「遊戲」，出社會後才開始，我們一定會遇到比自己有錢、有能力、有背景的人，這時候要做的就是好好把握這些人，讓他們願意把這些「遊戲」第一時間交給你，讓你能夠一起玩。玩過才能說「到底好不好玩」，而不是還沒體驗就在酸，酸葡萄心態就是因為自己能力不足產生的，因為沒能力得到，所以逃避，但這樣一點幫助也沒有。真要說的話，逃避確實是最輕鬆的方式，畢竟「騙自己」只要一個念頭就能辦到，但這卻是最無能的一種表現，代表你除了欺騙自己以外，什麼都做不到。

假如你能做出任何改變，就沒必要「仇富」了不是嗎？試著跟富有的人交朋友，說不定會意外發現，這些人原來很大方，願意分享自己的資源給你，他們的富有讓他們不會有匱乏感，不介意分享一些資源給你，在我認識的大多數富人中，幾乎都是樂於分享的。

也許我們沒辦法直接同等獲得他們現在擁有的事物，但我們可以學習他們是如何擁有這一切的。甚至，得到這些人的經驗與提點，能夠協助我們少走很多彎路，更快的得到自己要的結果，如果只是因為自尊心太強，放不下面子而錯過這些，那真的就太蠢了。誠實一些吧！你肯定想要得到跟這些富人一樣的財富，如果因為自己的不理性導致出現「仇富」心態，你必須馬上意識到，並且把這樣的念頭給拔掉，因為這只會讓你離想要的財富越來越遠而已。

你要做的就是好好學習，認真了解如何玩好「致富」這個遊戲，不要去保護「無能」的那個自己，要想辦法讓自己變得「有能」，成為能夠跟其他富人分享彼此遊戲的存在，當你們在相同的水平上互相分享，誰也不會仇視誰，因為你們都是能互相提供價值的人了。

一個聰明的人不會仇視任何富人，反而會喜歡跟富人相處，如同上一篇講的，把圈子換了，自然會產生更多機會，接近這些富人，跟他們學習如何玩好「賺錢的遊戲」，是你能最快改變的方式之一。

一個最笨的人會「仇富」，是因為他不認為自己有能力改變現狀，才用仇富來掩飾自己的無能，對他們而言心裡舒服比致富更重要。更何況你不可能成為你仇視的樣子，所以心裡過得越舒服，致富的機會就越少。

仔細觀察會發現，富有的人都很樂於跟其他富人交朋友，分享彼此賺錢的方式，找出合作的契機。大家都知道，比起無謂的自尊心，把視野打開更加重要，也許無意間學到的事情就能帶來不少價值，翻轉人生。

有能的人追求「致富」，無能的人才「仇富」。

7 致富，先相信才會看見

「致富」這件事，是一個循序漸進的過程，大部分人沒這麼幸運，沒辦法出生時就擁有享受不盡的榮華富貴，我們能做的就是做好一切準備，付諸行動讓這件事情發生。其中有一個很重要的關鍵因素，會影響很多人決定是否行動，那就是關於致富的「信念」。

我有位朋友，姑且稱他為X先生，我們算是從小玩到大的朋友，剛出社會時，我們都還是會一同聚餐一起出遊，後來我因為工作認識很多優秀的朋友，偶爾我們聚餐也會約這位X先生一起來，想著他們能互相交個朋友，說不定能碰撞出什麼火花，但我卻發現這位X先生越來越難約，後面幾乎都是拒絕居多，一開始我以為是我做錯了什麼事情，所以單獨找他聊聊，問問發生了什麼事，以下是我們當時的對話。

「最近怎麼了？是不是我做了什麼讓你不舒服，怎麼都不來赴約了呢？」

「沒有，只是老實說，覺得跟你們這群人相處很有壓力。」

「什麼壓力？」

「你們聚在一起總是在聊關於學習、賺錢、創業、投資理財等話題，每一個人都很厲害都賺很多錢，讓我覺得自己跟你們不是同一個世界的人。」

「你可以一起加入話題呀！大家都很熱心，很願意分享的。」

「還是算了吧！我只是個上班族，我不覺得能夠變得像你們一樣這麼厲害。」

「你難道不想改變嗎？」

「當然有想過要改變，但我就是覺得自己做不到，因為我們家人也都很普通，所以我的命運應該也是如此吧！」

自從這次談話後，我意識到「原來真正能夠殺死一個人的，並不是現實的殘酷，而是信念上已經放棄掙扎」。

很多事情都是如此，就像是追求心儀的對象，如果一開始就覺得自己追不到，也許連告白的勇氣也沒有。找工作如果覺得自己配不上，可能連履歷也不敢投。對於個人而言，沒有什麼比「自我抹殺」更容易讓人絕望，也許過往有過不好的經歷或背景導致這樣的心態出現，但我們一定要試圖掙扎啊！如果連掙扎都放棄，那就等於直接判自己死刑了。當你連自己都不願意支持自己，又該如何奢望人生會是美好的呢？

想要致富，首先一定要先相信自己能夠致富，因為你不可能做到你不相信的事，縱使做了可能也會很快放棄，因為致富從來不是一蹴可幾的事情。就像一個馬拉松跑者，如果還沒跑就想著自己一定跑不完，那即便跑了，沒多久也會想棄賽。對任何值得你挑戰的事情，都一定要試著相信自己能做到，學會當自己最大的支持者，就算別人否定你也無所謂。要知道，「別人不相信你那是他的事情，但你不相信自己是很可悲的事情」。

我們要相信自己值得擁有一切最美好的事物，相信自己值得擁有巨大的財富，培養自己的「配得感」。一個有「配得感」的人，因為打從心底相信自己有資格擁有這一切，行動就不會有遲疑，進而創造出他認為配得的一切現實。相信自己會成為一個富人，你才會去學習關於致富的一切所需，並且付諸行動，最後促成致富這個事件發生。

這是從過程中就認定自己配得上這樣的結果。當一個人的認知與結果吻合時，得到的會是滿足感，而認知與結果不吻合，只會造成衝突，而衝突發生總有一邊要退讓，不是「認知」就是「結果」，最後終究要回歸平衡。

你可能多少遇過有些人不小心得到一筆意外之財，卻總是留不住的情況。據統計百分之七十的樂透得主在五年內都會破產，為什麼會這樣？因為在他們對於自我「認知」還不是有錢人時，就得到了過多的「結果」（金錢），認知無法提升的人，就會留不住錢，回歸到原本的狀態。

所以通往致富的過程中，你一定得做到兩件事：第一件事是建立相信自己能夠致富的信念。第二件事是提升配得感，付出應有的行動，也就是由內而外都要去調整自己。信念讓你能夠堅持行動下去，而配得感讓你能夠留住並創造更多財富。

關於致富，你必須先相信，才會看見。

財富不會留在沒企圖心的人手上。

8 沒有什麼宿命論，只有拚命論

我是一個不太喜歡算命的人，雖然有人說很多事情是命中注定，但我常常都會覺得，人是世界上唯一有創造力並且實踐的物種，如果我們不善用這樣的能力，反而讓算命師決定你的未來，那不是很可惜嗎？

常聽到很多朋友去算命之後，會很開心的分享，比如說：我命中注定有兩段婚姻，算命師說第二段才是真愛。或者，算命師說我五十歲之前可能沒什麼財富，五十歲後才走富貴運。最扯的是，算命師說命中沒什麼正財運，反而適合賺偏門行業的錢。我聽完後都覺得非常荒謬！然而還是很多算完命的人都信了，而且還深信不疑，導致出現以下狀況：「算命師說我第二段婚姻才是真愛，那我現在其實也不用太認真，反正結了婚也會離婚，等下段婚姻再來認真經營就好。」「算命師說我五十歲才會轉運，看來我也只能窮到五十歲再來找機會。」「算命師說我不適合正常工作，難怪我覺得怎麼做都不順心，可能真的要考慮走偏門行業了。」看到這些狀況頓時讓我覺得，原來我們至今為止受到的教育比不上算命師的一句話，過往常說的「三分天注定，七分靠打拚」，甚至「人定勝天」這樣強調努力就能改變命運的話，竟然能夠因為算命而煙消雲散……

仔細想想，如果認真經營一段婚姻，難道就不能幸福到老嗎？如果五十歲之前足夠努力，難道真的不能累積出財富嗎？如果更加努力提升自己，難道正當工作就一定賺不到錢嗎？不可能吧！如果你相信算命師說的，本質上不就是相信「自己沒有能力改變」，所以只能任由所謂的命運發生而已，這就是對自己最不負責任的表現啊！也許去算命時剛好正值低潮期，索性就相信了算命師說的話，但你要醒醒，你的命怎麼能夠活在別人嘴巴裡？你明明就有能力改變自己的人生，畢竟你是人類這樣的物種，每天都能創造出新的命運。

你可以決定要不要此刻就認真開始學習經營婚姻的一切，讓自己足夠成熟去跟另一半相處，為婚姻的一切負起責任，創造出屬於你的幸福家庭。你也可以從出社會開始就認真工作，並且好好學習財務相關知識，不斷開源節流，讓財富能夠持續累積，甚至創造被動收入。你也絕對能夠做好你手上的工作，並且在工作之外持續進修各種職能，讓大家看到你的工作能力非常優越，因此升職加薪。這些都是你能夠馬上進行的改變不是嗎？

我很喜歡《駭客任務》這部電影，裡面有個設定是，你的人生都是虛擬的，而現實中的你隨時可以改變虛擬中的設定，要是你想學會開直升機，只要把軟體灌進去，虛擬中的你就馬上能開直升機了。某種程度來說，你就是自己的「神」，因為你能夠馬上改變自己虛擬人生的命運。我自己認為現實中的人生也是如此，你想得到什麼，就想辦法去得到，你每天都可以創造自己的新人生，就像此刻的你閱讀這本書，也是期待能從書上得到新的「軟體」來運作大腦，而軟體改變就可能改變你每天的行動。藉由學習不斷升級自己的「軟體」，你就會發現自己一直在改變人生，也許你看了本書的某些觀點後，可能就變得跟我一樣不愛算命了，並且更認真於創造自己新的命運，而不是讓人決定你的命運，改變為追求「盡人事聽天命」的態度，而不是「聽天由命」！

我知道很多時候，把過錯推託給命運是一件非常輕鬆的事情，因為那代表我們不用替自己的失敗負責了，反正命盤上就是這樣寫的呀！這樣想會好過很多，但真的一點幫助也沒有，因為你還是會爛在那裡，不去試圖扭轉所謂的「命中注定」。如果動物世界有命盤會是什麼樣的情景？有隻羚羊得知自己命中注定將死於獅子口裡，所以哪天有隻獅子肚子餓了來追牠，牠就覺得時機到了，該認命了，索性就不跑了，讓獅子直接吃了牠？這只有在人類世界才可能發生，動物的大腦沒這麼複雜，在他們的世界裡，活下去就是唯一的真理，無論如何只要被獅子追就是「拚命跑」！才不管什麼命運不命運，今天確實有一隻羚羊可能會死，但不一定是我啊！我只要跑贏「認命」的那隻就夠了！

所以用拚命跑，「逃命」的心態面對你的人生吧！說不定跑著跑著，你就發現自己把「羊」的命盤跑成了「獅子」的命盤，那就恭喜你改命成功！

你就是自己命運的創造者，足夠拚命的人，每時每刻都在改命。

9 天賦很重要，但沒你想得這麼重要

一個人的成就天花板跟天賦確實有些關聯，畢竟每個人都有擅長與不擅長的事，但如果你不是要追求到極致，那有沒有天賦就影響不大。

我很早就認定自己的興趣在商業與金融類別，但我高中唸的卻是職業學校汽修科，當時我也不知道自己對這科有沒有興趣，只是剛好學校離家近，我想輕鬆點走路上學，想說讀看看，說不定會發現自己挺喜歡修車的。讀了三年下來，對所學內容沒有太大興趣，但有趣的是，因為畢業需要考術科，我還是學會了一些基本的修車技術，並且順利通過考試，其中包含一些機械力學、熱力學等必修科目，我也都能通過。明明沒興趣卻能夠讀得下去，原因很簡單，因為過了才能畢業啊！

而當時的想法也很單純，我不是要求自己成為技師，畢竟這不是我心之所向，要的只是有足夠通過考試的能力即可，只要願意花時間學習，就能夠做到這樣的水準，畢竟只求六十分嘛！我相信很多人都有過這樣的經歷吧？從小唸書應該不可能每一科都是自己擅長的，但稍微用功一下大概都能夠順利通過考試，畢竟你不是要專精，只是要通過考試而已。

出了社會後，很多人在職場上開始把天賦論掛在嘴邊，覺得沒有天賦就沒辦法做到頂尖，這其實有兩個前提：

(1) 你真的確認自己想在行業內成為頂尖人士嗎？

(2) 這個行業只有做到頂尖才能達到你的要求嗎？

就我所知，想成為頂尖的人才會談到天賦，譬如奧運選手，基本上一定是全世界前幾名的人才有機會爭奪金牌，在以毫秒分勝負的比賽內，天賦也許就極其重要，因為人很難破除自己生理上的極限，畢竟每一位選手都是準備了多年，長期堅持訓練才有辦法站上奧運舞台，但是當大家訓練的量都差不多，差異可能就來自於天賦了。

如果你的工作也是需要付出這麼大的努力才能達到頂尖，那肯定就需要極大的熱情才能做到。不過大部分工作應該不至於競爭到這麼激烈，走到頂尖也許不用堅持每日大量訓練，只要有持續努力就能夠辦到。那問題就是，你願意保持恆心，付出足夠的努力換取頂尖嗎？所以不要輕易羨慕那些出類拔萃的人，也許背後的代價我們付不起。

再來就是，如果你對自己的要求是能夠養家活口，其實也沒必要達到頂尖就能做到，甚至要過得好一些，做到八十分的水準也許就足夠了，只有真正對目標有超高期待與要求，你才需要以一百分為目標。如果沒有，就不要以天賦為藉口逃避，否則就像一個人明明不好好讀書，卻用自己沒有天賦來逃避考試，最後連六十分都拿不到，還想用一種「我早就說過我沒天賦了」來塘塞，你騙得了別人，但肯定騙不過那個懶惰的自己，最終所有的代價都會反噬在自己身上。

關於財務這件事，我認為是每個人的必修課，因為生活跟錢息息相關。但依然有人想逃避這門課題，也許你真的沒有天賦，但如果連拿六十分的努力都不願意付出，最後等著你的可能就是「貧窮」。再怎麼樣也得低分飛過不是嗎？這樣就能保全自己的資產，甚至累積起來還能創造一個安全的未來給自己。

我想大部分人的目標並不是成為能夠叱吒市場的金融鉅子，沒必要學到艱澀的專業與技術。對一般人而言，具備基礎的金融常識，了解如何使用一兩種簡單工具達到長期投資效益也許就足夠了，能夠閃掉詐騙，按部就班讓資產穩健成長就六十分了。而有餘力的話，可以學習三種以上的金融工具，並且能夠熟練使用一種投資方式獲得穩定報酬，這就能拿到八十分了。

我自認是一個很普通的人，透過學習大概能取得八十分的成果，但這就足以讓我在長期投資內取得財富自由了。這並不考驗天賦，其實我的數學並不是很好，大概只有六十分的水準，但即便我只會加減乘除，想在財務上要拿到八十分左右還是可行的，最主要還是我們願不願意花時間去學習。我想比起貧窮的代價，花一些時間弄懂財務這門必修課，還是更聰明的選擇吧！

天賦的差異只在目標的設定極高時才會體現出來，若你不打算追求頂尖，就別用沒天賦的藉口來逃避你該做的事。

天賦很重要，但肯定沒你想得這麼重要。

10 承認自己不足，才是蛻變的開始

你能賺到的只有認知範圍內的錢，認知範圍外的市場會用一萬種方法收割回去。

在追求致富的過程中，你可能會經歷各種磨難，小則虧損，大則血本無歸，這都是重要的人生經歷，沒有對錯，端看你如何從經驗中學習，如果藉由錯誤能夠讓我們看到自身的盲點，那就是最寶貴的禮物。

記得唸大學時，剛滿二十歲我就去開了股票戶，當時興高采烈地要開始我的「投資致富」之路，畢竟一直以來都對投資這件事有興趣，只是年紀不到，無法開戶體驗，現在終於能夠開始入市啦！當時我畢竟還沒出社會，靠著微薄的打工收入僅僅存了約莫十多萬本金，但是我野心極大，想著要靠這些本金發家致富，所以我開始嘗試做當沖，也就是當天買進並賣出，這樣就能操作大於戶頭好幾倍的資金，認為這是一個能夠迅速致富的方式！

頭幾天玩的時候行情不錯，一天小賺了幾千塊，雖偶爾虧損，但整體還是有賺一些，野心也開始變大了，這時看到一則新聞，上面寫著政府希望扶持醫療產業，我就想跟上這風潮，心想雷軍說過：「站在風口上，豬都會飛。」肯定不能錯過這個機會，心一橫找了一檔上櫃股票（上櫃股票沒有漲跌幅限制），買進之後滿腦子想著自己搭上了致富列車，即將要爆富了。結果當天這檔股票就從十四萬跌到剩下七萬，眼看致富列車變成失速列車，當下就慌了，深怕繼續放著會賠更多，只好忍痛割肉出清。人生第一次賠掉這麼多錢，七萬塊相當於我當時半年的儲蓄額，之後整個星期我都覺得很憤怒，覺得新聞怎麼騙人呢？竟然發布假消息害投資人受騙。當時我一點也不覺得自己有什麼問題，而這之後因為虧損的影響，更想趕快把虧損的錢賺回來，結果當沖做得更加激進，導致賠更多錢，幾乎快把儲蓄賠光，我才終於收手，決定好好冷靜一下。

我問自己，到底做錯了什麼？當我願意冷靜下來正視自己的問題時，才發現做錯了好多事：

(1)我不該一開始就選擇當沖這種高風險的方式來投資。
(2)我不該隨便聽信消息，又不做功課就投資。
(3)我不該沒做好止損，任由虧損持續發生。

(4)我不該在虧損後，情緒還不穩定就投資。
(5)我不該 ALL IN。
(6)我不該在對市場風險認知不足時就貿然投資。

總之除了這六點外，我還學到好多好多，雖然這學費對當時的我來說真的很貴，七萬塊比大學一學期的學費都還要貴，但這次的經驗奠定了很多我往後投資的知識與心態。更重要的是，我發現虧錢這件事本身就是個提醒，讓你知道你對於投資世界的認知還有缺陷，如果無法面對，你就很難從市場賺到錢。

除了學到投資的知識外，這堂課也很大的影響了我的人生，我開始能夠正視自己的不足，以前很容易覺得自己的觀點是正確的，所以忽略很多能夠改善的機會，導致自己很難進步，停留在原地越久，吃的虧就越多。當我願意承認自己的問題時，我才真正開始有機會成長。人生要學的東西太多了，自己會的真的太少太少，人沒有完美這條路，只能趨近於完美。

這就是自我認知的過程，透過檢視自己，發現自己的弱點，並且願意面對它，把無謂的自尊心放下，虛心學習。為什麼願意做到這種程度呢？

因為比起尊嚴，自我成長一定更重要的。如果我已經很棒，那為什麼還沒得到想要的一切？肯定是我還不如自身所想的那樣強大，這是典型的「認知」與「結果」不符合。學習後我對這世界的「認知」就成長提升了，能完成更多以前完成不了的事，成長後面對到過去的困難都能迎刃而解，得到更好的結果，又何必堅持自己無謂的尊嚴呢？

每個人多少都會經歷到瓶頸期，而突破瓶頸唯一的方式就是自我超越，這個過程非常不容易，因為要承認自己的不足其實很痛苦，畢竟我們尚未成熟時容易以為自己是這世界的核心。這在新生兒身上尤其明顯，當時我們只要一哭就能得到想要的一切，好像自己就是這世界的王。在長大的過程中，如果周遭的人都很遷就自己的話，我們也很容易對他們予取予求。直到有一天，發現自己不再能夠掌控周遭的人事物，發現世界原來並不是繞著自己轉，用原本的生存方式已經無法再得到想要的一切時，這時人生就會來到一個「轉捩點」，只有藉由重新認知自己，坦然面對自身不足的人才能跨過這些困難「重生」。

我認為能夠認知自己缺點，持續精進學習的人才是真正的聰明人。當一個人持續超越自我，變得強大只是時間早晚的問題，無論在哪個層面上，只要不斷修正都能進步。而相反地，不懂得自省的人，只能原地踏步，因為他們永遠不會意識到自己的問題在哪，依然覺得世界圍著他們轉動，他們的世界也自然很難有變化了。

梭羅說過一句名言：「如果我們時時忙著展現自己的知識，將何從憶起成長所需的無知？」要知道無知並不是丟臉的事，是促使你學習的動能。孔子曰：「知之為知之，不知為不知，是知也。」也是如此提點，知道自己不知道什麼，是求知的導引，在這個資訊爆炸時代，取得知識非常容易，打開 Google 幾乎就能找到你想知道的一切，但最重要的還是，你得在關鍵字上輸入「你不知道的事」才能找到答案。

蛻變的關鍵來自於「成長」，而成長的契機來自於「承認自身不足」。

II

關於財商你一定要知道的事

1 不管你聽不聽，社會就是這樣運作的

小時候總會聽到很多長輩說，好好讀書，長大找份穩定的工作，然後買房買車結婚，就能幸福快樂過一生。當時聽起來很理所當然，現在發現，這難度越來越高了呢！確實好好讀書可能找到穩定的工作沒錯，但穩定的工作不等於可以買房買車結婚生子快樂過一生啊！後者的難度比起找工作那是一個垂直曲線上升，甚至有些人這輩子都不一定能全部做到，這當中到底出了什麼問題？

這是一個資本主義的世界，搞懂資本主義的運作方式是你必須了解的功課，就像你玩一款新遊戲總是要閱讀一下說明書，否則會花大量時間去摸索。人生有時候沒有給人太多時間摸索，誰都不希望自己六十歲過後才領悟這遊戲怎麼玩，因為就算想通了，獲得遊戲快樂的時間也不多了。

資本主義的生產結構核心由三者組成：勞動方、企業主、資本家。

這三者之間的關係大致是這樣：企業主藉由資本家的資本運作，雇用勞動方獲取營利，再將營利分給自己與資本家。而這個世界的財務分配是「八十比二十法則」，勞動方獲得百分之二十，企業主與資本家獲得百分之八十。

白話一點來說，就像一個人想創業，就去銀行辦理新創貸款，公司成立後請了員工來工作，透過員工的勞動產生出利潤，再拿著這些利潤去還銀行貸款。整個過程內，員工約莫獲得利潤的百分之二十，剩下的百分之八十利潤則進入企業主與銀行內。

所以你有沒有發現，在這樣的資本主義中，找份穩定工作的人未必能夠買得起自己想要的東西，而買不起通常也無法幸福快樂過一生，但是他們的老闆跟銀行都買得起，也因此幸福快樂的比例比較高一些，這就是現實社會的運作方式。所以在這樣的結構內，你要獲取更多的利潤來源，就必須要成為企業主或資本家，否則單純依靠勞動力能夠換取的報酬終究有限，因為你不可能無限制的勞動，但企業主靠公司可以擴張，而資本家靠資本也能擴張。

這篇不是鼓勵你馬上去創業或者胡亂投資，而是要讓你了解這世界的運作方式大致如此，既然你知道遊戲規則了，就要思考自己該怎麼移入企業主與資本方，這其實並不難，最簡單的方式就是透過投資理財。投資「股票」就是一種參與企業主的方式，當你買了一張股票，你買下的不只是帳面上看到的股票而已，實際上也是這間公司的股權，你享有股東權益，可以分享公司的利潤。投資「債券」也是當資本家的一種方式，你買的債券實際上就是你借錢給企業主的憑證，之後可以依靠債券跟他們收利息，享有資本家的權益。

市場內有各式各樣的投資工具可以讓你達到這類的身分轉移，當然直接創業或開銀行也是能成為企業主與資本家，但這就是風險與能力的衡量了，我建議從較低風險的開始嘗試，畢竟資本的累積是一個長期過程，「穩」比「快」更加重要。

有人會說資本主義是邪惡的，勞動方總是被剝奪，但我認為，其實很多跳脫的選項都已經存在，即便開始時我們可能是勞動方，但透過不斷的累積你終將能夠跳脫勞動方，這中間的過程並沒有任何人能夠阻攔你，比爾・蓋茲說過：「出生貧窮不是你的錯，但死時依然貧窮就是你的錯。」

選項一直都在你身邊，只是你能否看得懂身邊的這些機會。抱怨沒辦法替你改變什麼，只會抱怨就是放棄自己的選擇權交給人宰割，抱怨完了還是要上班，還是買不起想買的一切。好好學習並持續行動才能為人生做出改變，機會永遠是給準備好的人，讓自己懂得投資理財，懂得打造自己的商業模式才是聰明人的方式。

希望閱讀到這裡的朋友不要從此覺得好好讀書，好好找份工作就是錯的，即便起步同樣身為勞動方，你的工作質量也很重要，譬如職業是三師（泛指醫師、律師、會計師），通常收入水平也是平均水準更高一些，而收入越高相對擁有越多的本錢投資，能夠加速自己轉移身分，所以策略上一開始找到一份好工作也是很棒的起步喔！

關於掙扎這件事，你要了解，現實不會因為你不做什麼就有所改變，但會因為你做了什麼而改變。

辛勤勞動是種美德，創造被動收入則是常識。

2 單利與複利的老生常談

人常常都會高估自己短期內能做夠到的事，卻又低估自己長期能做夠到的事。

在投資理財的世界中，光是搞懂複利的威力，我想就是最重要的學問之一了。很多人急著追求短時間內創造高獲利，但也許這些高報酬方式都只是一次性的，或者說是不持久的，當你無法找到下一個機會點，財富的成長就會中斷，而財富成長的停滯相對就是浪費了時間價值。這就像很多人都期待在股市內找到一支飆股，期望買了就可以飆漲上去，但市場內不可能時時刻刻都讓你買到飆股，在等待的過程中也許就只是把錢放在銀行，因為隨時都要準備入市，這段過程你就是一點報酬也沒有的狀態，等待的時間越久相對就是損失越多價值。而另外一種方式是透過穩定的配置，讓自己能夠年年穩定獲利，雖然單次未必會獲得很高的報酬，但長期累積下來卻是可觀的報酬，這樣的好處是你每一年都有獲利，而且不用追求過度複雜的投資方式，也能夠穩定擁有理想的投資報酬率。

舉例來說，有A與B兩種投資方式，A採取飆股策略，壓到一次可以漲百分之二十五，但是每三年才遇到一次機會。B採取穩定投資策略，每年都能穩定獲得百分之八的報酬。那麼實際上誰的報酬會比較高呢？

答案是B。

因為三年後，A的報酬率是25%，B透過複利卻有25.97%，重點是如果A沒找到那支飆股，報酬就是零！

這只是一個簡易的比較而已，當然有人會說也有可能找到翻倍的飆股，但相對的潛在報酬高也代表潛在風險高，除非你覺得買飆股這件事是穩賺的，否則都應該保守地去計算它，畢竟投資下去的可都是血汗錢呀！若是採取穩定的投資理財策略，你可以輕鬆地享受複利帶來的好處，光是百分之八的穩定投資報酬率，三十年後就能帶來十倍的收益。如果能用長遠的眼光看待財富成長，你就會發現短期的波動不再那麼重要了，畢竟你要的是長遠帶來的價值。

投資理財教我最重要的一件事情就是擁有耐心，因為即便我知道複利能帶來可觀的報酬，但還是需要加上時間才能讓它發酵。巴菲特提到：「人生就像滾雪球，重要的是找到很溼的雪（報酬）和很長的坡（時間），雪球就會越滾越大。」人生如此，投資亦是。

我一直都覺得投資是測驗耐心的試煉，只有足夠耐心的人才能通過。耐心在人生裡面絕對占有非常重要的影響力，在這個時代人人都講求速成，把速成視為聰明的表現，好像凡事能夠用最短時間達到最大效果就應該要這麼做，但這真的聰明嗎？我自己認為很多事情是急不來的，再怎麼急，小孩依然要懷胎十月才能出生，即便出生後也依然要十八年才算成年。財富累積不也是如此嗎？再怎麼急，還是需要一些時間累積，透過複利讓財富每年持續成長，就當作養小孩，看著你的財富像孩子一樣長大，經年累月，直到它長得夠大，大到能反過來供養身為父母的我們，那我們就能放心退休了，這不就是你最希望的結果嗎？養一個小孩需要時間與耐心，養財富亦是如此。

真要說的話，我認為養財富簡單多了，透過複利計算機，能夠很快地知道財富要花多少時間就能夠獨立並且供養你，但如果你真的養一個小孩，你可算不出來……

而複利這個概念不只適用於財務，在人身上也是發揮著關鍵效用，你累積的一切知識技術都是能夠複利成長的。特別是閱讀這件事，一個人隨著閱讀量越大，腦內知識連結會越來越快，所以閱讀速度就越快，這是對更多的事物達到「融會貫通」的表現，現實中你看到有些人能隨口說出引經據典的話就是如此。而擁有越多知識當作基底，做事情的判斷力也會更加精準，人生其實就是不斷在選擇之間造就出來的。

李笑來說了一句話非常經典：「所謂『創業成功』，無非就是問答題高手做對了選擇題。」意思是如果每個人把自己都當作企業在經營，你的決策品質就相當重要，而提升決策品質的方式就是學習，並且讓複利在自己身上發揮效用。假設看一本書能夠學習到五個新觀念，也許看一本書你不會即刻有感覺，但一年能夠持續看十本書，你至少會累積五十個新的觀念，如果持續十年就有五百個新觀念，甚至彼此交錯可能碰撞出更多不同思維，這跟沒有在閱讀的人會產生一道知識鴻溝，你做決策的判斷力一定會高於沒有閱讀的人。其實人生最後的成就，也只是看誰犯的錯比較少而已。

能夠掌握複利的人，才能夠讓時間成為朋友。

3 現金流是王道

我第一次知道現金流這概念是源自《富爸爸，窮爸爸》這本書，作者利用桌遊的方式來說明，玩過後讓我對於現金流有更深的體驗，總之就是告訴你，無論今天要做什麼樣的決策，都要盡力保持自己的正現金流，也就是收入大於支出，這樣才能持續生活下去，如果一個人的現金流是負數，入不敷出的情況下只會越來越貧窮。

聽起來很簡單，也很好懂，但實際上很多人還是會犯錯。

譬如遇到一些想要轉職的朋友來跟我聊天，甚至有些是「裸辭」的朋友，也就是直接辭職進入待業中的狀態。通常裸辭後的朋友可能會進入一種惡性循環，假如存款準備不足，就得被迫去找工作，而在這樣的生活與時間壓力下，找到的工作通常也並非自己真的很喜歡的，接著可能做了幾個月，又來到一個厭惡期，接著又裸辭，又重複找不這麼喜歡的工作。我必須要說，這實在不是很明智的策略，現金流造成的壓力經常被忽略。有些人因為要養家活口，可能會被逼迫去找第二份、第三份兼差，因為長期過度勞動造成身心俱疲的人也不少。還有遇過貸款做投資的，結果投資還沒賺到錢，就被貸款壓得喘不過氣，賣房賣車的都有。由此可知在做任何決策之前，現金流絕對都是要慎重考量的先決條件。

在財務中，為什麼要追求「開源節流」？說白了就是為求增加現金流，當你的現金流正數越大，你的生活才會更遊刃有餘。有些人收入變高後想提升生活品質，導致開銷也相應拉高，但是現金流卻依然維持提升收入前的水準，這是一件很可惜的事，我稱這種現象為「富態窮」，看起來光鮮亮麗的生活，實際上口袋並沒有多少錢，這樣的人算得上富有嗎？答案應該是否定的。

像我是一個很務實的人，外在有多少對我來說都是假的，口袋裡有多少才是真的，出了社會幾年後，我的收入比起以前高了好幾倍，但我的生活品質其實還是差不多，對我來說多賺的這些現金流都是一份勞動力，肯定要讓它們去工作，這比讓我花掉更有意義。拿買車這件事來說好了，我自己只買了二手的日產車，覺得能開就行，接送小孩方便就好，很多人問我怎麼不換更好的車？我只是單純覺得，如果要換更好的車，那我要不是存款少了這些錢，就是貸款多了這些錢，這對我的財務一點幫助也沒有，所以還是別了吧！比起開車的拉風，我更喜歡讓錢為我工作，對我來說有很多錢替我工作那才是拉風。

另外一個提升現金流的重要概念叫作「被動收入」，這也是有錢人為什麼能夠持續致富的重要原因。透過被動收入累積，讓現金流能夠持續疊加，甚至超越個人開銷，當被動收入大於開銷即能達到「財富自由」，不需要再依靠主動收入就有足夠現金流維持生活，這是許多人的夢想。很多人這輩子都沒體會過「財富自由」的狀態，但其實回歸初心，就是先從簡單的現金流著手，你必須先讓自己的現金流持續為正，累積你的資產，並讓資產為你工作，才可能創造更多的現金流，如果第一步就已經錯了，那財富自由即跟你無關，因為上面已經寫得很清楚，你必須先有「財富」才會「自由」。

所以無論今天要做什麼決策，包含轉職、結婚、生子、買房、買車、創業、養貓養狗……都請好好思考現金流的問題，如果做了這些決策將導致自己的現金流變為零或負數，這個決策就不是明智之舉，只會讓你墜入難以擺脫的財務惡性循環。一旦你支撐不下去，輕則家庭失和、身心俱疲，重則家破人亡、萬念俱灰。不要問我怎麼知道，你每天打開社會新聞就能看到，觀察力是上帝賦予人類最美好的禮物之一，善用你的觀察力，別人走過的陷阱，沒必要自己再踩一遍。

讓自己的財務能夠長期維持正現金流，絕對是財務累積必備要素，對投資理財尤其重要。市場就像戰場，你的專業知識就像一把槍，而錢就是子彈，當你投身戰場中，即便你已經瞄準好目標（投資標的）也必須有子彈投入才能攻克，而現金流就是你的後勤補給，遇見再好的投資標的，沒有子彈也是枉然。

有足夠現金流的人才能長時間抓住市場的機會，在市場上，活得越久，越容易獲勝。

4 你到不了你沒規劃過的山頂

關於財務的話題，有次跟一位剛開始學習的人聊天，他說想投資股市、區塊鏈、房地產等各式各樣的商品，我只問他一句話：「你投資這些的目的是什麼？」他說：「賺錢啊！」我接著問：「那到底該賺多少錢呢？」他頓時沉默，接著說：「我也不知道。」

很多人都沒想過，到底這輩子要賺多少錢才夠用？光是這個問題就難倒了多數人，有些朋友來找我諮詢財務問題，我第一件事都是先問對方：「你的財務目標是什麼？」唯有知道自己要賺多少錢，你才知道「該用多少力氣、多少時間、使用什麼工具、冒什麼風險」。這就好像爬山一樣，如果隨便開車到一座高山下，馬上就說你當天要登頂，通常很難登頂成功，因為你完全沒有任何準備也沒有任何計畫，有些事只憑著衝動是很難完成的。爬山前要規劃路線，準備好地圖、查看天氣狀況、準備充足的食物與水、各式各樣的登山裝備與醫療用品、找有經驗的伴同行，甚至要做好行前訓練，以上都準備好之後才開始爬山。即便準備都已經齊全，仍然不保證你能攻到山頂，因為過程中還是可能遇到各類突發狀況，譬如高山症、受傷、天氣異變、野獸襲擊等，但有準備勝過沒準備，登頂的成功率還是會高很多。

很多人在設定財務目標時，一劈頭就喊要「財富自由」，但都不知道自己到底需要累積多少資產，創造多少被動收入才算是「財富自由」，我的建議是，先把你準備登頂的這座山給描繪出來，也就是精確到到底需要「多少錢」？可能是一千萬、兩千萬，或是被動收入三萬、五萬等，清楚了你要攻的山頭後，下一步就是檢視目前自己手上有什麼工具，也就是你現況能掌握的投資理財知識與商品有哪些，平均一年能給你帶來多少「穩定報酬」？再來就是你準備了多少糧食支撐你攻頂，也就是每個月持續投資理財的「錢有多少」？最後就是評估依靠這些工具與糧食，你要達到這座財務山頂，需要多少「時間」？這時間通常都是以幾十年為單位。以上這些概念清楚後，你再好好思考，按照目前的規劃是否為最佳解答？

本金 × 報酬 × 時間 = 財富

這就是你需要思考的公式，看起來很簡單，但即便都規劃好了，仍然可能有意外發生，過程中也許遇到投資虧損、詐騙、持續投資中斷、臨時支出等突發狀況，我還是那句話「有規劃依然比沒規劃強」。

你要盡可能讓自己的人生走在這樣的規劃上，發揮「愚公移山」的精神，不要覺得目標遙遠就不爬了，你不爬永遠都是這麼遠！至少你現在有了計畫不會迷失了。大部分人為什麼在處理財務時會不知所措？其實「不是因為走得慢，是因為根本不知道自己要去哪」，所以目標清晰非常重要，能夠讓你時時刻刻知道自己是為了什麼而努力。

人生也是一樣，你要時常替自己規劃各式各樣的登山計畫，涵蓋交友、婚姻、工作等。你想交到一群益友，就要好好思考如何培養出最棒的交友圈，需要去哪結識新朋友？自己需要具備什麼條件？該怎麼維繫友情？以上都是你可以思考的藍圖。你想擁有一段美好婚姻，從前端的挑選伴侶、自身條件、婚姻關係經營等都要下功夫。你想擁有夢幻工作，就得先搞懂自己的喜好、優缺點、工作所需能力等，協助自己一步一步走上預先設定的職涯規劃。很多事情都是先準備再執行，才會照著計畫走，人很難到達自己未設定過的目標，因為連自己要去哪都不知道。就像關了燈走路，你雖然能走，卻不知道能走多遠，更不知道你會走到哪，只能走一步是一步。

有目標的人通常快樂指數也比較高，因為清晨醒來就知道自己起床是為了什麼而奮鬥，每天都會對生活充滿熱忱，知道自己是為了什麼而活著。所以我強烈建議，不論是為了身心健康或是成就著想，人都應該擁有自己的目標。目標可以很小，但不能沒有，可以是長期，也可以是短期，能夠讓自己每天都充滿動力就是好目標！相信我，哪怕減肥、看書、煮飯，連這些生活上的習慣都會因為有了目標而有不同的動力，更何況是財富、工作、家庭關係等影響重大的事呢？

目標就像人生地圖，當你知道自己要去哪，才不會在途中迷路。

5 財務自由的順序：賺、存、翻

身邊總是會遇到有些人，每天汲汲營營地追求財富，研究技術分析、各類操盤方式、各種眼花撩亂的投資標的，但最終財務依然沒有多大的進展，搞不懂為什麼會是這樣的結果。明明學了這麼多知識，卻都不管用嗎？

我想應該不是學習這些知識不管用，而是學習的順序搞錯了，順序錯誤自然結果很難正確。我是一個喜歡條理式整理的人，所以做事情之前會列出流程並且盡量標準化來提高效率，而對於財務自由這件事，我也排出一套順序，那就是「賺、存、翻」。

為什麼會這樣排序呢？先來了解其中的內容，「賺」指的就是賺錢的能力，也就是主動收入的能力；「存」指的是儲蓄的能力；「翻」指的是投資理財的知識與技巧。

「賺」放在第一位，是因為一個人賺錢的能力在起步時非常關鍵，剛開始大多數人都是沒有資本的，在這樣的情況下你只能依靠賺錢來創造現金流。前篇提過，在財務中正向現金流是極其重要的，而賺錢能力也是掌握度相對高的一種能力。假如你是上班族，除了薪水外，還可以依靠進修、升職、加薪等方式來增加收入。假如你是自由工作者，除了創作、銷售、接案等收入來源，也可以靠提升技術、廣告行銷等增加收入。甚至有些族群依靠主動收入就坐擁可觀的財富，譬如歌手、演員、運動明星、頂尖業務等。主動收入雖然大多無法立刻讓人衣食無憂，但起碼能夠維持生活，透過不斷努力也可以持續提高報酬，創造更多的正向現金流。對於起步來說，主動收入的多寡很大程度影響財務自由的「速度」，也同時決定一個人起初的「抗風險能力」，賺得越多的人相對能夠更快也更安全地累積資本。

「存」放在第二位，是因為即便收入很高，但沒有存下來，也只是高收入的月光族而已，絕對稱不上富有。存錢是為了留下更多資本，以便在未來能夠進行更多規劃，甚至有很多人，只靠存錢就累積起龐大財富。存錢跟耐心有密切的關係，耐心是財富累積的重要指標，說穿了財富轉移的過程其實就是「把錢從沒有耐心的人手中，轉移到有耐心的人手中」而已。存款越多的人相對也擁有更多選擇權，你能夠有喘息的空間，購物的餘裕，吵架的底氣，可能都是來自於足夠的存款。王永慶說過：「你賺的一塊錢不是你的錢，你存下來的一塊錢才是你的錢。」充分告訴我們，花掉的都是過往浮雲，存下來的才叫作財富。

「翻」放在第三位，是因為擁有足夠資本，你才能夠靠投資賺取報酬，達到財務自由的狀態。在資本不足的情況下，基本上投資都是小打小鬧為主，因為你靠投資賺來的錢不會多到哪去，不足以應付你的生活。並且這是三個順序內風險最高的一環，一個弄不好，不要說賺錢，可能還會賠錢，甚至歸零。沒有資本的人會想求快，有資本的人是求穩，踏實靠「賺」與「存」累積的資金得來不易，投資能夠賺取穩定報酬即可，只要資本足夠，透過複利，一樣能夠創造可觀的報酬。

以處理財務的順序而言，賺錢比存錢重要，存錢比投資重要。賺得多就有更多現金流能夠儲蓄，儲蓄得多就有更多資本能夠投資，投資賺來的資本又讓現金流持續增加直到財務自由，這是相對低風險的累積方式。如果順序反過來會怎樣？在沒有主動收入的情況下進行投資，壓力會非常大，因為每一筆投資賭上的都是生活費，獲利就有飯吃，虧損就沒飯吃，在這樣的情況下確定能夠做出好的判斷嗎？假設在存款不夠的情況下投資，除了剛剛的狀況可能會發生外，為了賺取更高的報酬，而冒著更高的風險，虧損的機率反而會增加，即便遇到很好的機會，也沒有更多的資金能夠投資了，只能眼睜睜錯過機會，心有餘而力不足。

很多人就是沒搞懂順序才會讓自己白忙了很久，剛開始你可以研究得很投入，但不用在資金上很投入，在沒有足夠的資本之前，想辦法提升主動收入是第一要件，然後盡可能地讓自己存下大部分的錢，還沒有足夠存款前也不要想著要靠投資賺很多報酬，能夠穩定累積才是你該關注的，直到資本來到一定規模，再依靠簡單的財務策略就能財務自由。

在財務上不要想著一步登天，通常地獄的門總是比天堂近。

不投資不一定會貧窮，但不儲蓄一定會貧窮。

6 搞懂 ESBI 象限，工作才不會白忙

一開始知道 ESBI 象限是來自於《富爸爸，窮爸爸》這本書，作者將工作分為四種類型，E是 Employee（員工）、S是 Self-Employee（自營者）、B是 Business Owner（企業主）、I是 Investor（投資者）。透過工作分類來解析，到底哪些工作能創造高主動收入，哪些能創造被動收入，進而讓人檢視自己目前的狀態，還有應該怎麼規劃自己的收入來源，達到財務自由。

E象限，員工階層的優勢在於收入穩定，只要持續工作就會有固定收入。劣勢在於收入成長曲線不如其它象限高，畢竟收入都得等別人來發放，很難爆發性成長，並且此類工作通常不會有被動收入。

S象限，自營者的優勢在於能夠靠自己賺取收入，收入多寡皆由自身產值決定，沒有上限問題，成長曲線高。劣勢在於沒有穩定收入，也不具備被動收入。

B象限，企業主的優勢在於潛在報酬大，並且透過成熟的商業模式與經營系統能夠持續擴張，創造被動收入。劣勢在於企業建立難度高，虧損機率也高。

I象限，投資者的優勢在於能夠運用資產創造超額報酬與被動收入，劣勢在於可能造成虧損。

雖然我們都知道最後一定要擁有被動收入才能達到財務自由，但開始時的主動收入也非常重要，我會拆成主動與被動收入來探討，各有兩個要點做參考。

一、主動收入

(1)收入成長性

剛開始我們沒有資本，所以勢必要選擇一種主動收入來創造現金流，無論是E或S都可以，可以按照自己的技能與個性做選擇，如果喜歡穩定當然E型工作是很棒的選項，喜歡冒險的人則可以多嘗試S型的工作。

只是很多人出社會一陣子會遇到瓶頸，覺得自己的收入總是不夠用，就會想嘗試做兼職來增加收入，但如果找的兼職類型又是E型，就會占據他們更多的時間，導致更加疲憊。而找S型工作的好處是，可以隨著技能熟練度提升而增加產值，所以即便工作時間不變，還是可以持續提升收入。所以有可能一開始是以S為兼職，但有一天S型工作的兼職收入能夠突破原本的E型工作，那也能夠考慮轉職了，這就是成長曲線較高的S型工作能給的優勢。

對於原本就是S型工作的人，便要思考如何做到行業頂尖，很多人靠S型工作收入就能夠賺到百萬甚至千萬以上的年收入，在短期內S型收入要翻倍的可能性是非常高的。

收入成長性越高，能夠賺取的主動收入越高，也代表能有更多現金流的盈餘來儲蓄甚至投資，這會加速達到財務自由的時間。

(2)工作時間曲線

首先你要了解，工作時間與產值絕對不是相等的，並不是工作時間長就代表產值一定很高。很多人加班加到爆也不見得真的賺很多錢，反而能夠用越短的時間賺到同樣的錢，才是產值高的表現。所以你找的工作最好符合隨著熟練度越來越高，工作時間能夠越來越少，並且收入越來越高的傾向。當你能把時間空出來，你才能做更多有產值的事，進而創造更多收入來源，又或者更好的維持身心健康。

二、被動收入

(1)風險值

被動收入可以藉由創造B型企業主與I型投資者的工作來達成，但這兩者的形式皆有很多種，這時會建議先從風險小的開始嘗試，譬如創業不一定一開始就要拿出龐大資本，可以先從小資本的創業開始，例如很多網拍、網站、行銷公司等都是小資本起家。畢竟創業風險大，如果投入過高，一次失敗就將之前所有的累積化為烏有，實在不怎麼划算。投資也是如此，一開始先從較安全的標的投資起，等到能掌握了再慢慢撥出一部分嘗試稍高的風險即可，也不建議一開始就賭身家，我們的目的是創造被動收入，而不是一夕致富。

(2)時間成本

時間成本也是很重要的考量，創造B型企業通常都要全心全意投注，時間成本相當高，沒有投入相應的時間要成功的可能性也偏低，所以評估自身當下擁有的時間成本很重要，如果還沒有打算全職創業，就不要輕易進行大資本的嘗試。而投資也是如此，先評估你願意花多少時間成本，再來選擇適合的投資標的，切忌在你已經忙得焦頭爛額時，又給自己添上一筆麻煩，絕對得不償失。

以上的篩選方式應該有助於重新釐清如何建造主動收入與被動收入。在工作上，我提倡選擇比努力重要，選對你的跑道，才不會白跑一趟。

最讓人無奈的情況莫過於：準備要爬上一百層樓，爬到九十九層時卻發現帶錯鑰匙。

7 提高收入的三種方式

搞懂ESBI後，找到具備高成長曲線與被動收入的工作，下一個問題是，收入該怎麼提高呢？

首先要知道人最有價值的資產是什麼？那就是「時間」！時間是創造的基石，一個人所有的現實狀態都是源自於過去時間的堆疊產生，所以才說，時間花在哪，成就就在哪。基本上所有的工作產出，相對也都是時間價值的產出，就像去上班，實際上就是拿時間換薪水，而你如何提升時間價值，就是提升收入的關鍵。李笑來在《通往財富自由之路》上清楚地告訴大家，每個人都應該關注自身的商業模式。而提升自身商業模式的方式有三種：

(1)把一份時間賣得更貴

在同樣的時間內把價格拉高，你就能賺更多的錢。以上班來說就是加薪，以銷售來說就是提高銷售額與降低成本。因為我們每天只有二十四小時，所以我們能出賣的時間有限，如何在同樣的時間內提升產值，就是我們要關注的事。這不外乎就是透過學習，讓自己的工作能力增強，進而提升時間產值。起初要比別人擁有更多的產值，可以透過更高難度的教育獲得，譬如碩士起薪通常就比大學生高，而有高難度證照的職業像是醫生、律師、會計師等，收入也比一般行業高。進入職場後有的人會持續進修，讓自己有機會升職加薪，甚至跳槽到更大的公司換取更好的待遇。但也有人走一些偏門，譬如上班混水摸魚，上八小時班摸魚四小時，就覺得好像賺到了四小時的時間，確實當下看起來是賺到了，但長久下來肯定不划算的。因為摸魚摸得再久，產值還是不會提升，沒有更高的產值又拿什麼來換更高的收入呢？老闆可不是笨蛋，謹記「工作不養閒人；團隊不養懶人」，摸久了總會被看穿。

(2)把一份時間賣更多次

當你一天只有二十四小時，無法出售更多時間怎麼辦？那就把時間給「保留」下來再賣出去！市面上大部分的創作商品都是如此，就像畫、書籍、唱片、線上課程等，都是把創作者的產值保留下來，讓別人來購買，每販售一次，就獲得一次產值。在這個時代，保留產值非常容易，手機拿起來就能錄影，大量印刷也十分方便，只要你創作的內容有價值，就不怕沒人買單，所以你要關注的就是，讓自己的創作內容具有足夠價值，被市場接受，讓大眾願意買單，買下你「保留」的這些時間。

(3)購買別人的時間再賣出去

當你無法把時間賣更多次，卻又想再提高收入的話，這是一個很棒的方式，創業與投資的本質也是如此，一個企業主本質上就是購買了員工的時間，獲得了他們工作的產值。投資者也是購買了被投資人的時間，獲取被投資人的產值。我們在生活中的消費也經常是如此，買了一台很棒的電腦，是有助於你提升產值的，而這電腦就是工程師的智慧結晶。將第三種商業模式運用得當，你可以很大程度地突破自身時間限制。以前我每日三餐都得花時間打理，不是自己做就是要去外頭買，但現在外送平台十分方便，手機一拿起來就能選購各式各樣的美食，也不用花時間排隊，而代價就是付幾十元的外送費，當你的月收入能夠破六位數時，你就會很慶幸有這樣的服務，因為工作的產值絕對比你去買飯還要多。當你自身產值足夠高，就盡量把低產值的事給外包了，買回自己的時間肯定更划算。

基本上提升收入就靠這三種模式，而你夠聰明的話，就一定會想辦法脫離第一種，走向第二與第三種，只有這樣你才能夠更大程度地空出自己的時間。

當然每個人都可能要從第一種開始，但即便在第一種模式也是有突破的方式，就是學會「替自己工作」。很多人以為出賣自己的時間就只能是「替別人工作」，其實做事情時，沒有人可以阻止你提高自身產值。工作上有兩種人，一種人會說「做得差不多就行了」，另一種人會說「肯定要做到最好」，前者就是只替別人工作，所以想的都是別人的成果，後者就是替自己工作，想的是自己能做到什麼程度就盡力做。前者是為了應付別人，後者是為了對自己負責。而長久下來，肯定是同時「替別人工作」與「替自己工作」的人能得到的報酬更高，因為獲得的是「兩份收入」，一份來自「薪水」，一份來自「成長」。

一個持續成長的人，在這三種模式中，收入都能得到相應的升級，真要說如何提高收入的本質還是在於「學習」，不斷提升出售時間的質量與數量，就能提高收入。千萬不要當浪費時間的人，因為你浪費的時間也很難成為「庫存」，就只是白白流失掉了。

時間就像磚頭，房子確實是磚頭蓋起來的，但只有一堆磚頭肯定稱不上是房子。

縱然你的時間是有限的，你依然能夠思考如何把有限變為無限，而這恰好是增加收入的方法。

8 熟練交換賺錢五大元素，就能突破限制

當我跟別人分享一些能賺更多錢的方式，偶爾會聽到有人說：「我沒有時間」、「我不懂這些知識」、「我沒有錢」、「我沒有人脈」、「我沒有額外精力」之類的回答，每次聽到都覺得很可惜，因為他們都被「自己」困住了！沒有人天生什麼都會，也不可能什麼都不缺，那為什麼有些人看起來總是能夠遊刃有餘呢？其實就是他們能夠熟練交換賺錢五大元素，來突破自身的限制，而這五大元素就是：(1)時間 (2)精力 (3)人脈 (4)知識技能 (5)金錢

沒有人會同時缺乏這五種元素，一般人至少會擁有兩種，透過交換把其它元素補上，就是突破限制的關鍵。

舉例來說：一個剛畢業的大學生，也許會缺乏錢、人脈、知識，但他可以用時間跟精力來找工作，在工作中能夠結交同事、學到工作技能、賺到薪水，這就是用時間跟精力來換取人脈、知識跟錢。

而若是上班族想要提高更多收入，則可以考慮利用下班後的時間進修，譬如學習網頁設計、影片剪輯等知識技能換取額外的副業收入，這就相當於用時間跟精力換取知識技能，進而轉換為金錢。

如果缺乏人脈的話，一樣可以運用下班或假日參加聚會，結交更多朋友，等於用時間、精力換取人脈。而人脈也能換錢，譬如做業務類的工作，人脈就能換成錢，又或者朋友替你介紹新的工作機會也是如此。事業規模擴大後，老闆雇請員工完成工作，就是拿錢換回精力與時間。

透過以上各種交換方式，你會發現其實資源就是不斷交換獲得而來的，沒有人天生什麼都有，但你能透過交換慢慢的什麼都有。大部分的有錢人都是將五元素交換到極致的高手，當你學會用「交換思維」來思考，就不會貧乏了，因為你知道所有的東西都能透過交換得到，只是這個「成本」是否符合效益而已。

「效益」也來自於你過去的累積，對剛出社會的人來說，精力跟時間相對廉價，大部分都會選擇去工作來換錢，但對於已經有一定事業規模的人，就會選擇以錢換回精力與時間，造成這中間差異的就是知識技能與人脈，所以平日在累積的時候，我們不能夠只偏重其中一項元素，而是應該平衡發展，這樣才能夠有效交換。

在五元素內，金錢雖然能夠協助你買回其它四元素，但卻不是最重要的元素。雖然錢很重要，但你會發現只要將其它四元素提升，你就能換到更多的錢，而且是沒有框架的限制，但其它四種元素卻會有框架限制，這個限制就來自於你的時間有限！因為一天就是二十四小時，你能使用的時間不會是無限的，精力也不可能無限，畢竟人需要休息；你能夠維持人脈的時間也很有限，總不可能二十四小時都在跟朋友聊天聚餐；當然你也無法毫無限制的學習。所以按照這個邏輯，你應該在前期盡可能地提升知識技能與人脈，然後盡量地用錢換回其它四元素，直到你能夠創造出被動收入，你的錢就不會再受限於時間，就能達到最大效益。

一個人會匱乏，是因為他只能看到自己現在擁有的，卻看不到未來能擁有的。而一個人會豐盛，是得力於知道自己除了現在擁有的以外，還相信未來可以擁有更多。差別僅在於你相不相信，自己付出的代價會讓這個結果發生而已，這其實是一種「預知能力」，我認為每個人都一定會，只是隨著長大的過程就忘掉了。想想嬰兒時期，只會爬行時，也是透過練習讓自己學會走路甚至奔跑，當時我們從不懷疑自己能不能學會，只單純努力多次練習，就學會了不是嗎？在財務上也是，即便現在還沒看到成果，但只要好好做投資理財，相信自己未來會因此而富裕，透過行動來交換，讓結果發生就好了不是嗎？

創業的人更要有這種「預知能力」，因為事業起步你就是從零開始，創業就是零到一的過程，只能去相信，透過付出各類的代價，能夠換到更好的未來，讓企業成長、員工增加、賺更多錢、學到更多知識技能、也換回更多時間。

我很推薦大家都要有一種思維，就是把自己當作一家企業在經營，從現在開始你就是「個人有限公司」的老闆，你的任務就是不斷提升這間企業，讓這間企業蓬勃發展，那你該怎麼做呢？你可以說自己什麼都沒有，放棄掙扎，公司營運就會每況愈下；你也可以說自己即將什麼都有，努力開拓，公司營運就有機會持續向上，匱乏還是豐盛，都在你的一念之間。

往內看你只看得到自己，往外看你就能看到整個世界。你絕對有能力換到更好的人生，只要你願意付出同等的代價。

9 不要盲目借貸

在金錢的世界裡面，借貸就像一把雙面刃，用得好可以提早出圈，用得不好也可以讓你永遠出不了圈。

因為工作的關係，我經常替人做財務諮詢，遇過非常多的人諮詢的當下都是負債，想來做財務諮詢很大程度是想降低負債壓力，希望趕快還完負債。我很好奇為什麼這些人年紀輕輕卻會欠上幾十萬、幾百萬的負債？最後答案幾乎都一樣——投資虧損。

負債投資能賺到錢的人少之又少，為什麼會這樣？原因有兩種：

(1)過早掌握超出能力範圍的資金

很多人在還未完全掌握投資理財知識之前，就希望透過借貸來增加投資本金，藉以提高報酬，但要成功做到這件事，需要有個前提，就是你的投資標的具有「成熟的獲利結構」，而成熟的定義是指「經過多次反覆驗證」與「投資者有足夠能力掌握的項目」。不夠成熟的項目，投資通常都是以賠錢收場，如果連投資標的是否成熟都分辨不出來，那就代表這已經超出能力範圍了，在市場裡面，當你不知道你在幹嘛，那就是「賭博」。這時候拿著借來的錢去做投資，並不會提高你的勝率，只會讓你輸得更多而已。只有當你能分辨出投資的標的獲利結構是否足夠成熟，是否經過長期市場驗證，並且自已也有能力掌握時，借貸才該是一個可以考慮的方式。

(2)金錢的成本壓力

借貸來的資金幾乎都有成本，而且成本通常都不低，但在投資市場裡面，投資成本尤其重要，包含「利息」與「現金流支出」。投資通常是長期行為，如果長時間都需要支付高額利息，即便有賺錢也會壓縮你的獲利空間，而賠錢要負擔更多的額外成本，這對一個投資人來說是極為不利的狀態。至於現金流支出更是令許多借貸資金支撐不下去的主要原因，因為借款需要每個月償還貸款時，經濟狀況是很難經得起風險的，只要遇到突發狀況，導致收入中斷，每個月除了生活費還要支出貸款，這時存款不足就很容易被逼得要變賣資產來償還貸款，此時你的投資都還未獲利就被強迫出場了。所以只有確認標的是成熟到可以穩定獲利超越利息成本，並且有足夠存款可以應付突發狀況，借貸才會是可以考慮的方式。

借錢並不難，甚至銀行非常希望你借錢，對他們來說，你的負債都是金融機構的「資產」。這是他們獲利的方式，但對你來說，借錢投資不代表一定會獲利，唯一能確定的只有「你的負債都需要成本」這件事而已。不要談什麼親友借款不用利息，那些欠的人情也都是成本，出了社會「欠人的總要還」，有時候免費的反而更貴！所以不要輕易去借貸，借來的資金都要有明確用途，若不是必要支出，例如：家庭臨時支出、醫療支出、商業周轉等，只要牽涉投資就一定要小心，先評估是否能夠滿足兩點：「投資項目具有成熟的獲利結構」與「足夠的存款與現金流」，否則貿然借貸通常結果都不會太好。

而且借來的資金，操作上必須要更加保守，因為你借來的其實是「未來的收入」，如果投資失敗，你在未來就必須持續還債，這些還款的錢原本可能會是你的「資產」，卻硬生生變成「負債」，你少掉了很多創造資產的機會，以複利來看這都是很可惜的一件事，簡單來說，就算只是把這些錢存下來，都比賠掉來得強！所以只要開槓桿，基本上就以不會賠錢的投資理財方式為主，開槓桿是為了「增加效率」，絕對不是為了「把錢弄不見」。

借貸投資是一種最顯而易見的陷阱，報酬翻倍看起來當然誘人，但背後要付出的代價也許是無法承擔的，我相信絕對不會有人故意想讓自己替金融機構打工，但若做了錯誤的決策，就有可能「不小心」替金融機構打工一輩子。當一個人足夠絕望，難免就會做一些傻事，影集《魷魚遊戲》中明明遊戲很瘋狂，卻仍然有負債累累的人想一搏翻身，這絕對不是特例，現實中負債累累的人很容易犯罪，又或是違背自身意願來賺錢的大有人在。

查理．蒙格說：「如果我知道我會死在哪裡，那我將永遠不會去那個地方。」閃掉一些明顯的陷阱，有助於你在財務上更加健康。

在投資的世界裡，開啟槓桿是通往天堂與地獄最快的路，但我還是一句老話，通常這離地獄更近一點，因為成本與壓力就像地心引力抓著你不放。

10 簡單有效的方法更值得追求

投資理財的方法千千萬萬種，到底什麼樣的方法才是好方法？我個人認為「簡單有效」的方法才是好選擇。

在市場內，有很多方法令人眼花撩亂，光選股就有一堆技術分析方式可以參考，基本面也有很多參考的數據，那到底該怎麼選呢？如果你不是一個專業投資人，只是剛開始要起步規劃財務的新手，我會建議，都不要選，買 ETF 就好啦！長期來看大盤總是往上走，那買 ETF 就是會賺錢，只要持有時間夠久就能穩定獲利，而且自帶分散風險的功能，都不用特地做轉換來避險，就是簡單有效的代表！如果還沒準備好投資，那就簡單地做儲蓄，紮紮實實把錢給累積起來，也是簡單有效的方式！

我見過許多人想找到投資市場裡的「聖杯」，希望靠著一套策略就能夠不斷獲利，這些人不惜砸重金，窮盡一生想找到一套無敵的投資策略，雖然不知道最後到底找不找得到，但我認為那樣付出的成本太過昂貴，如果最後找不到，那繳的學費（包含時間與金錢）基本上是全浪費掉。即便找到，算上過去投入的學費其實也未必划算，把這些錢跟時間花在自己的生活上，也許能夠創造更好的效益，譬如讓工作更順遂、愛情更美滿、家庭更幸福、培養更多興趣等，所有選擇都有機會成本，必須好好思考到底什麼對你而言才是真正重要的。

在我的投資理財過程中，學習一個新的投資技能都會著重在：這個方法是不是不用盯盤？是不是平常不用花我太多時間？是不是能長期有效進行？以上若是三個「是」，我才會投入時間去學習。我的任務是盡可能替自己找到簡單有效的方法並長期實行讓複利發揮效果。為什麼投入時間越少越好？因為這樣我才能空出時間去學習更多方法來完善自己的財務規劃啊，如果我死巴著一種方法一直研究，那再也不知道會不會有更好的選擇了，畢竟我只有那把刀，再怎樣也耍不出二刀流。更重要的是，我希望空出時間來過好自己的人生，我曾看過，有些人上班的時候看股票、放假也看、睡覺也看，盯著盤的時間比跟另一半相處還多，這樣的生活其實沒有什麼品質可言。

而且也不用擔心簡單的方法就沒效，你能獲得的報酬跟市場一樣，要知道，市場是很聰明的，如果你不覺得自己比市場聰明，那就跟市場一起同進退就好了，市場基本上不會做出玩死自己的舉動，那是一種群眾智慧，數以萬計的資金與世界上最聰明的人都在市場裡，他們會想辦法讓整個金融活絡起來，而我的功課就是：「抱大腿」。你沒聽錯，就是抱大腿，抱著聰明的市場大腿，讓你的資產跟著活絡起來，這不就是最簡單有效的方式嗎？

我自己認為財務有三個狀態，這三個狀態也都適用簡單有效的方法：

(1)起步期

在起步期的時候，盡可能把錢留下來就是一件很棒的事了，因為剛開始知識也不多，貿然投資是危險的，所以採取儲蓄這樣簡單有效的方法就能讓資產穩定增長了。

(2)累積期

開始有一定資產了，這時候需要進行一些規劃讓資產成長幅度更加快速，但主要收入來源還是主動收入，所以應該把大部分的心力投注在提升主動收入上，投資盡可能以被動式投資為主，簡單有效地累積資金就好。

(3) 自由期

累積到一定的資金，靠著簡單有效的投資理財方式即可獲得被動收入，這時收入來源以被動收入為主，也不用特意花時間研究過於複雜的投資了，否則你研究的時間跟過去上班差不多，這樣還算「自由」嗎？除非研究投資是你的興趣，否則把時間拿去享受人生也許是更加快樂的選擇。

真正讓人嚮往的人生是有錢有閒的那種，而不是有錢又忙碌的，可以簡單就沒必要複雜，為了多賺幾個百分點就賠上自己的時間，我認為相當不值得，你的人生絕對有更多重要的事值得去做，「時間」終究是最貴的資產，不能隨意揮霍。

盡量「主動投資人生，被動投資理財」，才有時間更好地認識這個美好的世界。

III

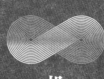

投資理財必懂觀念

1 存錢就是基本功，不可能跳過

所有財務的起點都是從簡單的儲蓄開始，不斷累積，才慢慢堆積出財富。除了累積財富外，更重要是磨練你的耐心與遠見，能夠自律的人，才能擁有財富。

有個著名的實驗叫作「棉花糖實驗」，研究人員將六百多名幼稚園小孩單獨帶進房間，房間裡面放著一顆棉花糖，研究人員告訴這個孩子，自己有事要離開一下，如果回來的時候棉花糖還在，那就會多給他一顆棉花糖當作獎勵，如果糖吃掉了，就沒有獎勵。結果實驗下來，只有百分之三十的孩子忍住沒吃掉棉花糖。而為了觀察這個實驗的結果，研究人員等待這些孩子十八歲時，再次檢視兩組的發展差異，結果發現，當年沒有把棉花糖吃掉的孩子，在大學入學考的成績比吃掉棉花糖的孩子平均高兩百一十分，在其他各方面也普遍優於吃掉棉花糖的孩子。

這個實驗主要是測驗自制力對於一個人未來的影響，後續研究還發現，由於貧窮家庭的孩子對於未來有不確定性，所以傾向於即刻滿足，因為等待對他們來說風險更大。而富裕家庭的孩子通常較有耐心，因為他們延遲享樂能夠得到更多，就不容易短視近利。這樣有趣的實驗告訴我們一些財務上的關聯，那就是自制力多寡與財務實際上有著密切關聯。

儲蓄正好是投資理財方式裡，訓練自制力最好的方式之一。我幾乎沒有看過一個人連儲蓄都做不好，就能夠把投資做好的，真要說原因的話，我想就是因為投資需要更高的自制力吧！畢竟投資要獲利，本身就需要很多違反人性的操作，譬如停損停利等等，這牽涉到很多投資知識與市場判斷，而儲蓄牽涉到的只是自身的控管，只要能克制欲望就能做到了！這在財務上應該最簡單的自制，卻依然是很多人難以克服的關卡。我必須說，倘若你想達到財務自由，就不可能跳過這個關卡，因為「所謂自由，就是藉由犧牲換來的。」沒有做出任何犧牲，就想得到最好的結果，這代表心理上的不成熟，也就是你吃掉了眼前的棉花糖，還希望有人再獎勵你一顆，這不就太貪心了嗎？

學會自制力，你得要耐心忍住，好好讀書才能考出好成績，好好健身才能練出好身材，好好投資理財才能累積出財富。有些事就是急不得，就是得花時間花耐心去培養。

我常常覺得投資理財其實是一種磨練自己的方式，藉由持續打磨自己，讓自己活得更漂亮，而培養儲蓄就是培養勤儉的習慣，讓自己在任何時刻都不會太過揮霍。即便存款的金額不斷上升，也不會過度消費，讓前面的努力前功盡棄。透過這樣培養心性，看待事情的觀點會更加有遠見，因為你並不是只看現在，更多的是未來資產帶來的價值，因而擁有更多的財富。

在財務上儲蓄能帶來的結果非常直接，你存下的每一筆錢，都是紮紮實實的「可分配資產」。存款越多的人才有抗風險能力，也才能抓住更多的機會。連存款都沒有的人，就是一個脆弱的個體，經不起風險，只要出了一些意外就會崩盤，譬如生病、失業、生孩子等突發狀況，尤其再好的機會都與他無關，縱使大好機會出現，他也沒有錢能投資。所以從一個人有沒有良好的儲蓄行為，就大概能知道這個人的財務狀況如何，想要跳過儲蓄階段致富，幾乎是不可能的。

一開始存不住錢，可以透過一些外力來強制執行，譬如使用分離帳戶，或是自動扣款等方式，但這畢竟不是長久之計，還是很多人會在存了一定的金額後就忍不住花掉。所以最終還是要讓自己打從心裡想做這件事，不用外力就能達到儲蓄的習慣。只有你知道儲蓄的意義與目標是什麼，而你必須成為自己目標的信徒，為了目標去犧牲。只有當你真正願意自我犧牲來完成儲蓄目標，你才算是真正學會了儲蓄這件事，也才算真正擁有了自制力。

學會儲蓄，不只是讓你存下金錢，更重要的是存下「自律的能力」。

2 成本越低越好

在進行投資理財時，記得一個簡單的公式：報酬－成本＝利潤。

我們的任務是盡可能地把利潤極大化，所以不是把報酬拉高一些，就是把成本降低一些，但在市場裡面，報酬大部分並非你能夠控制的，所以你只能從另外一個較可控的方向著手，那就是「讓成本越低越好」。

這時候你在選擇工具時，就要很清楚知道成本在哪裡，不要小看這些成本，因為成本可能也是以複利方式做計算的。譬如主動型基金就是一種典型的高成本投資商品，每一年都要收取1至3％的管理費還有其他額外費用，無論賺賠你都要付錢，這對投資人來說當然相當不利，這也是為什麼許多投資大師都不提倡主動型基金，因為平均而言只有不到百分之二十的主動型基金會勝過大盤，但每年卻要負擔高額管理費，基本上是肥了機構而非投資人。巴菲特曾經以一檔標普五百指數型基金跟五檔主動型基金對賭，時間從二〇〇七年到二〇一七年，賭十年後哪邊績效更好，輸的人要給對方五十萬美元，結果時間還不到二〇一七年，主動型基金就認輸了。二〇一七年底結算時，巴菲特選擇的指數型基金平均年報酬為8.5%，而主動型基金則是2.5%、3.6%、6.5%、0.3%、2.4%。他表明，對手的主動型基金即便什麼都不做，每年也要付出2.5%的成本，這就注定讓他們迎來失敗。這個賭局狠狠的打臉華爾街基金經理人，彷彿告訴投資人，完全不值得為這些經理人付這麼高昂的費用。

然而還有一些商品建構在高額費用的基金上，譬如投資型保單，投資人除了要負擔高額的基金費用，還要再負擔高額的保險與帳戶費，使得投入在基金內的資金比原本的更少，如果是以收益為主要出發點，就絕對不該選擇這類成本過高的投資方式。

做任何投資理財之前都應該研究，即便是同一種投資理財工具也可能因為通路不同而有不同的成本，譬如在銀行、基金公司、基金超市等通路購買基金都各有不同的申購手續費，最多可以差到3%左右，投資一百萬就可能差三萬元，相信我，這些錢肯定有比付手續費更好的用處。包含外國股票也是，外國股票透過當地券商通常都是零手續費，而透過台灣複委託買則需要0.15至1%的手續費，如果交易頻繁的話，成本差距是十分巨大的。保險更不用說，同樣的壽險保額，美國會比台灣便宜一半，香港也會比台灣便宜百分之三十以上，繳了幾十年，保費的差距也許都能多換好幾支蘋果手機了。以上都是我們較常遇到的工具，就能有這樣的差異，以複利而言，長期差距幾個百分點，在未來都是一筆不小的金額。假如你都能買到一模一樣的東西，那就盡可能地降低你的成本吧！當一個聰明的投資人，精打細算每一筆投資成本，絕對會替你帶來意想不到的結果。

回歸到生活中，其實不只是投資理財，你本來就該盡可能地省下更多的成本，同樣的消費，也許刷了信用卡還能多一些回饋，不拿白不拿呀！同樣一件物品，可能也會因為店家不同而有不同售價，同一間店也可能因為檔期不同而有不同的促銷價，這些都是能夠讓你馬上省下錢的方式。但也要注意，雖然稍微比較過後能省下一些錢，也別把精力都放在如何省錢，因為省錢固然很好，但賺更多錢還是更重要。開源節流這件事，「開源可以無限，節流卻有極限」，永遠要把時間投入在效益更大的地方。

生活中也不要過度受制於折扣，讓自己沒有促銷就不能買東西，聰明消費是指買東西時盡可能用划算的方式取得，重點還是在於你本來就能夠消費得起，而不是被折扣綁架，讓自己的行動綁手綁腳。人不該受制於商品的行銷方式，而是要充分運用商品的行銷方式讓自己得利。

盡可能在投資理財上，找到成本低廉的方式，使資產能夠在長期投資節省較多的成本，把省下來的錢進行再投資就能創造更多的二次效益。並且在日常生活中，也盡可能地省下生活成本，最後可能會發現，即便只是多省下不到２％的生活成本，但以人生的總資產來看都是一筆可觀的數字。

不論投資或生活，低成本都能使人更加富有。

3 投資理財放眼世界

在這個資訊發達的時代，資訊落差就是財富落差，比別人多知道一點，就能夠多賺一點。上一篇提到的是成本，我這裡要講的是報酬，面對全球化的趨勢，本來就沒有人規定投資理財只能侷限於一個國家。我雖然人在台灣，但依然能夠將投資理財放眼世界，金錢應該流向最有效率的地方，才能創造最大的利益。

先談談儲蓄，每一個國家之間的基礎利率都不同，所以同樣是銀行存款，能得到的報酬也有差，就會造就不同的理財方式。譬如我身邊有些朋友去過澳洲打工，即便回台後也未必會把澳洲銀行的存款移回台灣，因為普遍來說澳洲銀行的存款利率還是比台灣高，如果不急著用錢，放在澳洲滾利息也不錯。有些人甚至會去新興國家開戶存錢，譬如柬埔寨、越南都是存款利率超過５％以上，但相對當地通膨也都非常高，還有稅率跟外匯管制等問題，比較適合有在當地做生意的人。

另外很常見的儲蓄方式就是儲蓄險，二〇二二年台灣儲蓄險利率普遍約在 1 至 3.5% 左右，但跨個海去到香港，香港儲蓄險的利率卻能高達 5 至 7%，除了沒有外匯管制外，還可以享受到香港零遺產稅的優勢，對於家族資產規劃來說誘因十分強大！

以投資工具來說，前篇也提到 ETF 指數型基金成本極低，在台灣最常聽到的是 0050（台灣卓越 50），這檔指數基金內扣費用 0.42%，投資台灣市值前五十大公司。而美國 VOO（Vanguard 標普 500 指數），內扣費用 0.03%，投資美國市值前五百大公司。分析十年的數據，0050 和 VOO 的報酬分別是大約 8%與12%。所以同樣是投資 ETF，從成本、分散風險、長期報酬來看，美國 ETF 比台灣更具優勢。

	交易成本	管理費	平均報酬
0050	券商手續費 0.1425% + 證交稅 0.3%	0.42%	8%
VOO	0 手續費	0.03%	12%

當然，投資國外要額外承擔匯率風險，所以盡量選擇避險幣別，譬如美元、日圓等外幣，波動就會小非常多，重點是每年利差高達4％左右，長期投資複利非常可觀，即便有一點點匯差損失也無傷大雅。有些人會說，資產如果只放在台灣就不用承擔風險啦！這其實是一個謬誤，因為「不投資國外，就等於ALL IN在台灣」不是嗎？在市場內這叫作單一區域風險，代表你的資產要承擔所有台灣可能發生的風險，包含台幣貶值、通膨、戰爭、經濟危機等等，我們永遠無法預測風險何時來臨，在投資上，最好的避險方法不是亡羊補牢，而是預防勝於治療。透過投資其他貨幣、國家，達到分散風險的效益。

這幾年區塊鏈崛起，也能夠當作配置的參考，因為它並非法定貨幣，同時又能夠在全世界流通，相對於傳統金融來說，十分便利，讓投資更具多元性。

還有很多投資方式都是利用不同國家之間的落差進行的，譬如海外房地產、外匯車、國際代購、貿易等。

甚至還有人跑到生活開銷較低的國家生活，然後領著較高的國外收入與投資報酬，過上比原本國家更好的生活品質，這都是善用國外投資能夠做到的事。聽起來很有趣，它就是如此自然發生在我們日常生活中。在台灣非常多人都想擠進外商公司工作，因為在外商領的收入通常都比本地商來得高，外商薪水通常是用其原本國家的收入水平衡量而非當地水平。

在地球村的時代，資產配置是沒有國界的，對於一個投資人來說，我們的任務是找到最優勢的投資理財方式，而這個答案未必只能侷限在一個地方。我們可以人在台灣，儲蓄在香港、股票在美國、購置柬埔寨房地產、買入比特幣等，甚至生活上也能開著外匯車，用著國際代購的蘋果手機。只要這樣的決定有利於資產成長，都應該列入考量，投資人應保持開放心態，盡可能接納學習各式各樣的投資方式，帶著偏見不會讓我們得到更好的報酬。

你可能會意外的發現，全世界最有錢的一群人，資產都不會只在自己的國家，這絕對不是偶然。以台灣來說，光是所得稅就能看出一些端倪了，境外所得一百萬內除了不用繳稅，甚至連申報都不需要，但境內所得可能五十萬就得繳稅了。王永慶過世時，統計在台灣遺產只有五百二十八億，海外遺產卻高達六千億，夠驚人吧！

想變有錢，那學著「買下全世界」是一個很棒的方式。

4 你以為的明牌可能是冥牌

聽明牌一直是很多投資人的壞習慣，轉到電視財經台，永遠會有分析師在報牌，身邊也不乏各類朋友打著高手的名義在報牌，問題是這些明牌真的會準嗎？

先從兩個面向來分析：一個是聽牌的人，一個是報牌的人。

對於聽牌的人來說，其實在心理狀態上是不想付出勞動成本研究投資標的，只想藉由別人的付出來得到最後的答案。這很像小時候讀書，做練習題有時候懶得思考，就直接翻到後面解答，把答案照抄就搞定了。這樣的過程雖然速成，但習慣伸手牌要付出的代價就是「學不到東西」，讓人成長的永遠是思考的過程，與答案驗證後的領悟，習慣翻答案的人頂多只能省下做題的時間，在面對真正重要的考試卻難以通過，這樣真的有意義嗎？

對於報牌的人來說，通常不是求名就是求利，無論是哪一種，都對聽牌的人沒什麼幫助。求名的人，知道報牌給人不會幫助對方成長，所以轉而追求名氣，讓自己更加有影響力，進而滿足內心又或是其他個人目的。求利的人，藉由報牌讓別人投資，幫自己買的標的抬轎，等價格拉高後就能賺取到利潤，又或者透過收費報牌等行為來獲取自身利益，報得準上天堂，報不準就住套房，反正他是收租金（報牌費）的，無所謂勝率。

有個有趣的笑話，所謂明星分析師的誕生，就像讓一千個人拋硬幣，連續十次得到正面的機率是千分之一，所以至少會有一個人猜對十次，而這個人就是明星分析師。對他們來說，有報牌才有機會成為明星，反正每一次猜對的成功率都有百分之五十，不賭一下太可惜了吧！但反觀你是聽牌的人，經得起每次百分之五十的失敗率嗎？他賭的是運氣，你賠的是真金白銀。

還有一些原因讓明牌準確率不高，譬如消息是否是第一手資訊？很多所謂的內線交易都來自於公司高層，但一般人聽到消息時根本就不是即時資訊，當聽到隔壁的叔叔阿姨鄰居都在講的時候，這已經不知道是「第幾手」資訊了，這時候搞不好內線早就已經反應完畢，進場也沒意義。

再來報牌的人是誰？是否真的有分析實力？這些都是要評估的重點。如果只是一間公司的職員告訴你，這間公司股票很棒要你買，千萬得冷靜，先問問他的投資邏輯，再回去自己做功課，否則一時衝動，就有可能跟他一樣要替這間公司打工了，差別只在於他領薪水等升職，你領股息等回本。

另外就是報牌的人自己買了多少？分析者對於經過嚴謹研究的投資決策必定會去實踐，這是出於對自身研究的信心，如果他講了老半天，結果你問他買了多少，他沒買或者只買一點點，那你也沒必要跟著投入了，這種情況就是我OK，你先買就好。而網路上的老師截圖對帳單也別盡信，畢竟現在修圖軟體很發達，大媽都能修成美女，何況是要在對帳單上做一些數字調整而已。

我們要做的是找到真正的投資高手，學習他們的投資邏輯，複製他們投資的能力，這樣你才能長久運用在自己的資產成長上，不能複製的方法基本上就不要參考了，有些人說起「投資經」總是頭頭是道，因為A，所以B，但事後卻無法很好的把邏輯串起來，這套方法只有他自己適用，別人都用不了，那就放棄吧！找到自己能用的方法比較重要。仔細拆解高手分析的方式，歸納出自己的經驗，讓投資思維與決策品質提升，才能根本上提升自己的投資績效。明牌頂多當作驗證的基礎，譬如你跟這位老師使用的方式若是一樣的，那相對的也會得出差不多的結論，如果實證多次都是如此，就代表自己真的學到這位老師的投資邏輯了，這樣才是真正有幫助的學習。

所謂明牌與小道消息，只能當作是一種提醒，告訴我們現在市場上有什麼機會，要學的絕對不是聽信明牌的能力，而是產出這些明牌的智慧，只有學會這些能力才能長久使用在自己的投資決策上。聽信明牌，賺錢你不知道為什麼，賠錢也不能叫對方負責，長久下來不是過度依賴他人，就是對自己的無能憤恨不平，何必呢？

成為自己的明牌，決策不求人，財富亦不求人。

5 資金不要輕易交給他人

信任是人與人之間相處的橋梁，有了信任讓很多事情得以託付，但也有人會利用他人的信任圖謀不軌，在財務上尤其要注意這類陷阱，很多人犯錯一次就前功盡棄了。

大眾通常有個迷思，覺得把錢交給專業的人會做得比自己更好，這件事情有兩個前提：第一是對方是否真的具備「專業」，第二是對方的「誠信」，短時間內很難判斷以上兩點，在無法分辨的情況下，很容易吃大虧。甚至有時候江湖救急，善心助人，卻不小心成為自己的負擔。

我遇過一些來諮詢的個案，都是把錢交給某個「專家」操盤，專家號稱每年操盤可獲利達百分之二十以上，堪比股神巴菲特的績效，結果到最後通常不是把錢賠光，就是銷聲匿跡，讓投資人求償無門，更惡劣的還直接說「已經脫產，想打官司隨時奉陪」，遇到這種江湖騙子，投資人也只能摸摸鼻子認賠，畢竟人不要臉天下無敵。

還有非常多是借錢給人就再也拿不回來的案例。原本借錢是為了想幫對方一把，但錢拿不回來，反而讓自己的善心成為一種壓力，多少人因此悔不當初，甚至碰到那種要求對方還錢，對方還跟你耍無賴的，當下肯定會想在心裡咒罵無數三字經，但這都於事無補，錢終究回不來。

另外，也不乏投資別人項目，最後對方捲款走人，又或者投資額度一點一點被公司吃掉的。除了所託非人外，其實也是因為沒有足夠的配套措施可以保障自身權益。當然，投資不可能都沒有風險，但在權益上，你還是能藉由簡單的動作讓這類風險降低。

只要牽涉到金錢往來，無論是投資或借貸關係，就會有權利、義務產生，而你要盡可能以法律為基準來確保雙方的「權利」與「義務」過程合法。該擬的合約不能少，如果是投資公司就要確保自己得到的是公司股權；如果是投資項目就要拿到貨或者持有憑證、合約等；如果是借貸就要有借據。不要覺得這些事情很麻煩，把錢弄不見才是更麻煩的。然而，做了這些也非萬無一失，真正高明的投資都會有足夠「擔保品」，譬如銀行敢借出大筆房貸，就是因為房子是抵押品，即便債務人還不起，銀行也能把房子法拍換錢。當鋪可以借到錢，也是由於典當的物品有足夠價值。所以能夠在投資時取得足夠的資產當作擔保，可望大幅降低投資風險。真正好的投資是即便發生風險，能透過變賣資產來避免重大損失。

巴菲特說過：「成功的祕訣有三條：第一，盡量避免風險，保住本金；第二，盡量避免風險，保住本金；第三，堅決牢記第一、第二條。」所以千萬不要覺得不好意思跟對方開口要保障，這是你的權利，除了你自己，沒有人會比你更在乎你的錢，只要你能夠保住本金，就算稍微虧損至少還有資本能賺回來，但連本金都沒了，就得從頭開始了。回到我們一開始說的，那要如何判斷對方的「專業」與「誠信」呢？

(1)確認對方的成功經歷

透過確認對方過往經歷，可以簡單評估其在專業上的成就如何，一個厲害的專業人士不管過去或現在都應該有實績能夠拿出來證明，不可能光靠嘴巴講講就要說服人相信。大家都長大了，那種嘴巴說愛你，卻一點行動都沒有的，通常都是渣男渣女。寧願選擇務實的行動派，嘴巴不甜沒關係，但要拿得出實力。

(2)對方的風評如何？

做一個基本的調查，去了解對方公司與這個人的資訊，上網找也好，請身邊親朋好友打聽也行，甚至自己身體力行去考察，如果聽到負面消息，就要去核實，了解負面的原因為何，對自己的投資有無影響，是否可能再度發生，凡事謹慎處理，才能降低風險。

(3)小額投入觀察

以上兩點都確認完，礙於第一次合作，可以先採取小額投入，觀察後續發展。不要怕錯過機會，假如你要找的是長期能夠合作的對象，而不是一次性的對象，那觀察絕對是有必要的。這跟找工作很像，在外面看三年，不如實際參與一年學到的多。透過小額投入來認識全貌，有助於你後面加碼時的穩定度，反正真金不怕火煉，時間總會讓你看清楚一切。

以上方法都使用後，雖然還是可能會踩雷，但已經能盡量降低機率與損失了。凡事小心駛得萬年船，在財務中「只有不小心滿盤皆輸，沒有不小心大獲全勝」。

6 投資的三個核心圈：報酬、風險、本金

投資理財的方式五花八門，到底該怎麼選擇適合自己的方式？我建議可以先拆解投資標的的本質，拆出三個元素，也就是「報酬、風險、本金」，然後去比對三元素的比例是否適合自己，而投資人最理想的狀態就是「高報酬、低風險、低本金」，藉由三元素的不同組合會有不同的結果，以下一一說明。

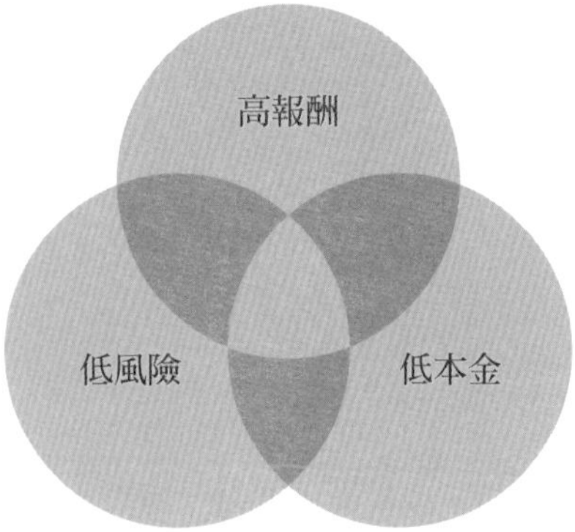

(1)低成本＋高報酬＝高風險

一般這類都比較偏向投機型，譬如：期貨、選擇權、區塊鏈、賭博等，通常不是高槓桿就是一翻兩瞪眼的勝負，報酬相對高，風險相應也高，通常當作投機手段使用。投資者要高手級別比較適合，需要大量的知識與成熟的心態支撐，才比較能夠使用的工具類型，而且即便投入也是以小額為主，以小博大就是投機的精神。

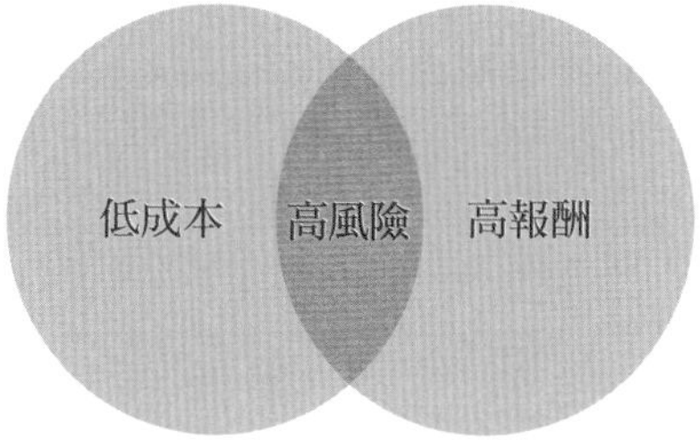

(2)低風險＋高報酬＝大資本

這類資本密集的投資，通常風險稍低，報酬則很可觀，譬如：開銀行、土地開發、建設、抵押放貸等，這類型投資資金要求相當高，普通人較難接觸到，就像銀行的客戶，如果資產到一定規模，甚至也會有VIP商品可以提供選擇，比起普通人來說，可謂是富裕的「特權」。想要接觸到這類投資，除了累積資金，更重要的是累積實力，讓自己進入圈子內，成為這類投資裡不可或缺的人才，自然會有機會參與。

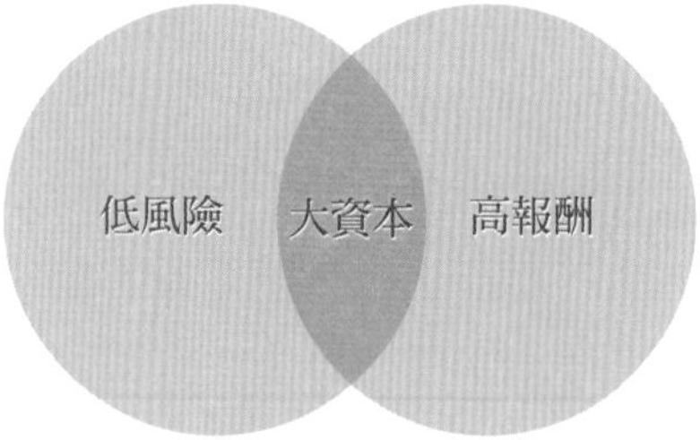

(3)低風險+低成本=時間長

這類型投資泛指一般金融投資，譬如：股票、基金、保險等，以長期規劃為主，善用複利使自己的資產成長，使用風險不會太高的策略做配置，並且定期定額投入，所有人都可以參與，長期來看都能有不錯的獲利。隨著學習還能持續降低風險與成本，是能夠讓大部分人得以財務自由的方式。

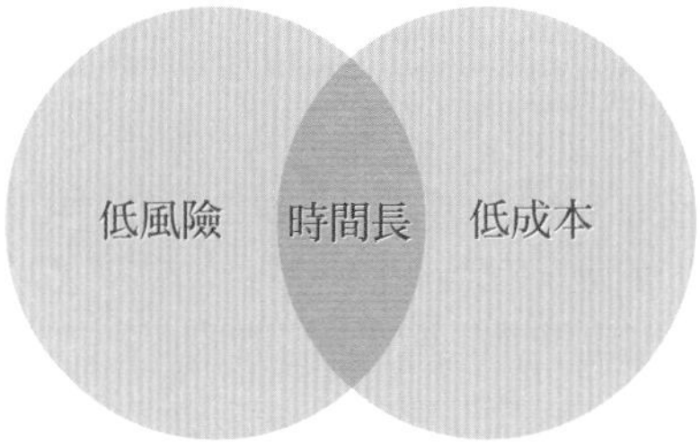

(4)低風險＋低成本＋高報酬＝詐騙

有人好奇有沒有同時具備三個元素的投資？當然有！但通常百分之九十九都是詐騙，畢竟天下沒有白吃的午餐，任何事情理論上來說都會有代價，然而一個投資完美到「不用太多本金就能冒著低風險賺到很多錢」，細思極恐！若是遇到了請再三確認細節，通常詐騙都喜歡打著「保證高獲利」、「輕鬆」、「小額入金」等字眼，利用人性來誘惑投資人，稍不注意就可能跌入陷阱中。

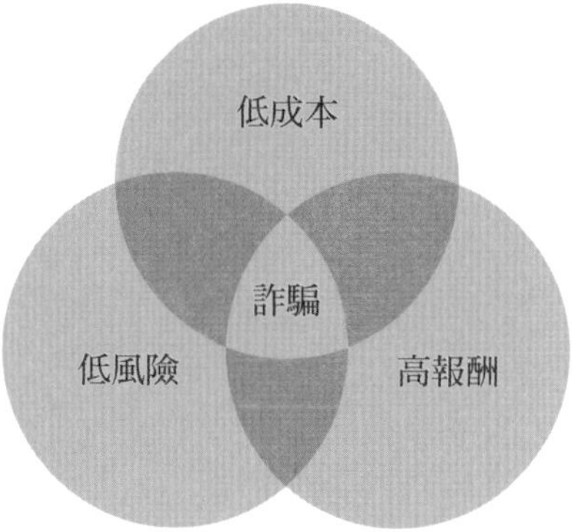

所以整理一下三個核心圈，應該會得到這個結論。

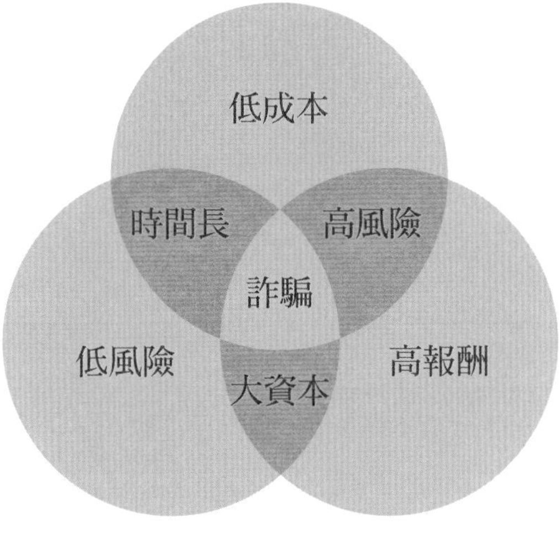

我遇到的投資理財工具，都能對應到相應的核心關係，不太可能同時滿足三元素，所有事情都有其代價，而「不想付出代價的結果，通常就是付出更高的代價」。人生如此，投資當然也是如此，所以從三元素來看，去選擇願意承擔的代價，應該才是更加正確的篩選方式。

工具沒有絕對的好壞，只有適合跟不適合而已，了解自己絕對是投資理財第一步驟，當你知道自己擁有什麼條件，才能選出適合自己的資產配置方向。這有時候也是階段性問題，剛開始起步，個性又保守的人，就適合從時間長的配置方式開始，透過複利來累積資產。而達到熟練階段，也能夠嘗試冒一些高風險。擁有足夠資本與能力的人，則可以參與資本密集的投資。

三種類型也是能夠同時參與，這就是資產配置的藝術，唯獨不要奢望能夠「三個願望，一次滿足」。人有貪念是很正常的，那是本能，抑制你的本能是一個投資人該學習的功課，這是成熟的過程，如果讓身體隨著本能做事，通常就要為「衝動」付出代價。當然也有人說，參與詐騙項目也是能夠賺到報酬，只要在項目「倒閉」之前抽身就好，確實是如此，但這依然跟心態有關，明知道是詐騙還要投入？意思不就是抱持僥倖的心態參與嗎？如果人生要靠僥倖才能獲利，那這輩子要僥倖多少次才能賺到想要的數字？而且明知道獲利都是來自別人被詐騙的錢，能收得心安理得嗎？我始終認為，賺錢要賺到三種境界，那就是「吃得下、睡得著、笑得出來」，否則錢賺得再多，永遠體會不到「快樂」的心境，又有何意義？

承擔可以承擔的，付出可以付出的，你總會找到最適合自己的方式。

在詐騙關係裡，被騙的人不一定笨，但一定貪。

7 你不是在打撲克，永遠不要 ALL IN

人生會遇到很多事情值得賭上一切，但肯定不包含投資這件事，不是說把握機會不好，但一次全豁出去絕對不是帥，而是傻！大部分會 ALL IN 的人都有一個心態「怕錯過機會」，這是新手最容易犯的錯，如果用一輩子投資的思維來看，你有的是機會，但如果一次就被洗出場，再多的機會都跟你無關。

即便找到一個再好的投資機會，都不能確定這是穩賺的，畢竟投資就是有賺有賠，如果衝動全押下去，之後不是上天堂就是下地獄，真的有必要這麼刺激嗎？先別說賺不賺錢好了，當一個人擁有的一切資產都在市場內，每天光心情起伏就得多大了，賺了開心到睡不著，賠了難過到笑不出來，那還要不要生活啦？投資理財只是生活的一部分，是用來輔助生活過得更快樂的方式，但讓投資理財成為生活的重心，肯定會出問題的，所以為了身心健康著想，不要 ALL IN。

買低賣高是不敗法則，問題是市場也不是我們能掌握的，有時候以為找到最低點了，ALL IN 進去後，如果跌到更低，也沒錢再加碼攤平了，這時候只能捶心肝，怪自己怎麼不留些資金可以再加碼。而如果買到高點，還 ALL IN 了，也只能眼睜睜看著資產迅速縮水，然後忍痛割肉，再怪自己為什麼當初要 ALL IN，要不然就能夠少賠很多了。每個投資人都想要買在最低點，賣在最高點，問題是辦不到，誰也沒有預知能力不是嗎？如果一直把希望寄託在自己辦不到的事情上，是非常幼稚的，因為根本實現不了。透過分批策略，盡量「買在相對低點，賣在相對高點」，這才是辦得到的，也是一個成熟的投資人應該掌握的能力。所以為了掌握到更好的進出場時機，不要 ALL IN。

再好的機會，只要勝率不是百分之百，都有機會輸光，我們常聽到一句諺語「不怕一萬，就怕萬一」，就是說即便輸掉的機率是萬分之一，但只要輸一次能讓你灰飛煙滅，那你都不應該 ALL IN，因為這風險承擔不起！以機率來說，即便輸的機率再小，都有可能在第一把就出現，真的發生了，你準備好了沒有？正所謂「留得青山在，不怕沒柴燒」，就是為了應付這種狀況，永遠給自己多一些後路。對投資而言，風險永遠比報酬更值得重視，所以為了留條後路給自己，不要 ALL IN。

在市場上，我們要盡可能地活得更久，才能善用複利替我們賺錢，套一句賭徒名言：「想盡辦法留在賭桌上」，只有還在桌上的人才有贏錢的機會，被掃下桌的人什麼機會都沒有了，只能再回去好好工作賺錢，才能回到場上。很多人剛來到桌上，想贏一把大的，把錢全丟下來，以為這叫作「勇氣」，贏錢的時候還暗自竊喜想趁勝追擊，直到把錢輸光後，才驚覺，原來剛剛自己的「愚蠢」是如此顯而易見。市場永遠歡迎賭徒，與賭徒的錢，這是最棒的養分，也是對投資人最直接的諷刺，清晰地告訴你，笨蛋是如何輸掉一切。除非你想當顯而易見的笨蛋，否則不要 ALL IN。

大多數的人都是從無到有累積自己的資產，這過程相當艱辛不容易，包含我自己也花了好幾年才逐漸累積一些資本，所以如果從過程來判斷，這些血汗錢都是拿自己最珍貴的時間換來的，不應該承擔更多損失，能夠紮紮實實逐步成長就是最好的方向。但總有人不這麼想，覺得工作太辛苦了，累積沒多少就想更快獲得結果，遇到機會就急著 ALL IN，自己的資產全壓下去不夠，還借錢來押，想著只要贏了就能少奮鬥好幾年，而大部分的結果也都差不多，就是花更多時間工作來「還債」，弄巧成拙是這種人常幹的蠢事，每次發生這些事時，都會看到這些坑是他們一點一點替自己挖出來的，也沒人逼他們跳下去，但就是有人會自願跳，跳得淺的還爬得上來，跳得深了就直接變成墳墓。所以為了不要自掘墳墓，不要 ALL IN。

前面總共提了五次「不要 ALL IN」，就是想讓各位明白，ALL IN 絕對是這輩子你能想到投資裡最蠢的一種行為，如果你不想用行動來證明這件事到底有多蠢，不要 ALL IN。

8 資產配置多元就是致勝關鍵

俗話說「雞蛋不要放在同個籃子裡」，正是投資理財的經典建議，主要警示當風險來臨時，覆巢之下無完卵，而分別配置在不同類型的資產，彼此之間只要關聯性不高，就能避免所有資產同時受損，甚至，找到負相關的資產類型，還能抵銷風險。

有些人以為，只要買不同類別的股票就是在做資產配置，這是很大的誤解。雖然買不同股票可以分散個股風險，但本質還是一樣，買到的就只有「股票」這一種資產類別，只要一個黑天鵝出現，幾乎所有股票都會承受損失，這樣的避險方式根本沒什麼效果。較好的做法是買股票以外的資產類別，關聯性越低越好，甚至負相關，才能有效規避風險，譬如：貴金屬、外幣、房地產、債券、保險等，其中貴金屬就是很經典的避險性資產。以黃金來說，只要出現高通膨、戰爭、政經動盪等風險，金價幾乎都會漲，這是因為黃金的價值獨立性，黃金不同於法定貨幣，即便沒有國家擔保，本身也有一定的價值，持有黃金者到全世界都能夠變賣，其波動率不高，又屬於有限資源，物以稀為貴，長期來看依然有上漲空間，所以投資人持有黃金這類的貴金屬可以達到某些避險功能。不過黃金的缺點也很明顯，就是沒有生產力，不像是股票能夠創造股息，所以也不建議持有過多。一般人的話，如果剛好很喜歡金飾，可以買一些當作個人裝飾品，也是另類的資產配置，將資產融於日常生活穿搭中。

另外一種傳統金融常用的避險工具是債券，債券通常跟股市負相關，股漲債就跌，股跌債就漲。主要是因為債券屬於固定收益工具，當股市不好時，投資人心態較為保守，就會想持有更多固定收益，買債的人多，債券價格就會上漲，反之就跌。這樣的特性讓「股債平衡」成為金融投資常用的資產配置策略，只要資產內有股、債這兩項，就能達到簡單的避險效果。而債券也有分很多種類型，避險主要是公債為主，另外還有公司債、可轉換債、無息債等，其信評、利率都是需要考量的前提，挑債跟挑股票一樣需要做功課，所以若不是專業投資人，建議也是直接配置債券 ETF 就好了，簡單省事效果也不錯。

更加保守的人可以考慮以有固定收益的儲蓄來避險，只要做好資金分配，一樣有不錯的避險效果。重點就是不要讓風險發生時，資產過度集中導致承受過大損失，畢竟留得青山在，不怕沒柴燒。

資產配置越多元，相對避險效果會越好，所謂的避險主要是規避「系統性風險」，譬如：金融危機、戰爭、世界型傳染病等。但「非系統性風險」也很重要，譬如：國家政策影響產業、地區性天災人禍、油價漲跌、原物料漲跌等。持有越多不同類別相關性低的資產類型，基本上受到同一風險而遭受重大損失的機會較小。舉例來說，如果你同時買了股票、債券、房地產、黃金、保險、定存，即便今天遇到金融危機，也許股票與房產會有些受到影響，但其他資產反而會逆勢上漲甚至不被影響。假如政府宣布打房，可能導致房產價值受損，但其他資產卻幾乎不會受影響。

以上都是資產配置能夠起到的避險作用，諾貝爾經濟學獎得主威廉・夏普的研究指出：成功的投資有「百分之八十五報酬歸功於正確的資產配置；百分之十報酬來自選股技術；百分之五靠上帝保佑」。所以如果你覺得自己的知識技術不好，運氣也非極佳，那強烈建議你做好資產配置，至少能得到八十五分了。人的時間有限，要學習怎麼用最少的力氣先拿到最簡單拿的分數，剩下有額外的時間與心力再來掌握如何讓八十五分來到一百分，絕對不要先花一堆時間掌握十五分的關鍵，卻讓自己長期處在不及格的狀態。

避險相對於生活其實是一種思維模式，就像出門時縱使是大晴天，你可以瀟灑地什麼都不帶，也可以選擇帶把雨傘，差別就在突然傾盆大雨時，前者狼狽不堪，後者從容應對，即便帶傘出門會多一些負擔，卻可以帶給你更多安全感。

以生活而言，凡事多想一步，準備周全的人，遇到突發狀況皆能處變不驚。以投資而言，資產配置完整，避險得當，遇到風險皆能臨危不亂。

9 一昧追求高報酬，只是暴露你賺錢能力不足

追求高報酬是人性，每個人都想更快獲取非勞動所得，因為勞動對一般人來說是那麼辛苦又沉悶，為了擺脫工作的束縛，即便高報酬背後可能蘊藏高風險，依然有一堆人願意冒險追求，但也因此造就一票「韭菜」。

我對於「韭菜」這詞的理解是「在市場上沒賺錢還賠錢的散戶」。「韭菜」有一些常見特徵，多是「伸手牌」，買東西幾乎不看說明書、不太愛做功課，只想問別人該怎麼做，且大部分都是衝動型消費者，甚至只要一投入通常都會跌，跌了還會覺得是「運氣不好」罷了，找不出原因。正因為這些屬性，讓他們注定從一開始就被「割」，原因很直接——在市場上，你賺不到認知以外的錢。

人有自知之明是非常重要的，如果知道自己的基礎知識不夠，就不該過度期待高報酬。若對自己的評價是「投資知識缺乏」，明知道有高風險卻依然想投入資金，期望獲得高收益，很大程度來自於「補償心理」，也

就是在「投資以外」的賺錢能力不足，所以想要透過「投資」彌補缺陷。這有點像是對人生無力，所以有些人會想「借酒澆愁」，認為這樣能讓自己好過一點，當下也許能得到安慰，但長期而言只會越喝越多，把身體給搞壞，問題依舊存在。

如果抱著「韭菜」的作風，期望透過投資改善自己的收入，通常只會讓自己越賠越多，反而惡化財務狀況。對於剛起步的人來說，「投資收入」只能起到輔助作用，通常不會是主要的收入來源，影響財務狀態最重要的還是來自於「主動收入」。一般在資金與知識皆不足的情況下，投資進展很難順利，我們必須了解，大部分人賺到第一個百萬，通常都是工作賺來的，而不是投資賺來的。舉例來說，工作一年能夠存下二十萬，踏實的存五年就能獲得一百萬了，但想靠第一年的二十萬，在五年內以投資翻到一百萬，你覺得容易嗎？

事實上，對於賺錢能力足夠快的人，根本就不急著獲取高報酬，因為他們在「投資外」賺的錢就足夠多了，要的只是守住這些錢的價值，有個穩定的報酬就很滿意了，反正賺錢的速度夠快，投資就只是「輔助」。想把投資收入當作主要收入來源當然也可以，除了要具備一定的資本，更要確認自己的投資策略長期可行，也就是必須抱著「投資這件事等同本業一樣」認真的態度去看待，這並不會比其他工作更輕鬆一些，因為花的時間成本可能也相去不遠，唯有如此才能擺脫「韭菜」的宿命。

本質上，想擺脫貧窮需要的是提高「賺錢能力」，這包含投資外與投資內的能力，想盡辦法在投資外盡量賺錢，才能提供更多的現金流支援投資內的賺錢能力，否則「巧婦難為無米之炊」，縱使有再高超的投資技術，沒有資金也是無能為力，更何況投資外的賺錢能力要是足夠快，賺的錢也可能大大超過支出，到時候未必想花太多時間在投資上，畢竟「時間價值」不一定更高。

所以當我們想透過投資獲得高收益的時候，建議先問問自己，我憑什麼賺到高報酬？是因為研究得比別人更仔細？還是資本比別人多？投資心態與技巧十分高超？如果以上都沒有，那不如放下這個念頭，好好思考如何在投資外多賺一點錢，然後在投資內獲取「正常」收益即可。天下沒有白吃的午餐，市場上的蜜糖通常也是毒藥，專門毒死那些看不懂的人。還有些人想借錢來拚一把，除了強烈的補償心理，更多是「自以為勇氣的傻勁」！想獲取高報酬是人性，但獲取高報酬不應該以負債為代價，相比起來，在投資外靠工作獲取高報酬的代價反而低多了，至少失敗也不用搞得自己負債累累還一無所有，仔細想想，難道認真工作賺錢真的有比較難嗎？

追求高收益沒有不對，但要讓自己配得上這樣的收益。否則一味的追求高報酬，就只是暴露自己賺錢能力不足罷了。

10 成熟的投資人，其實都很討厭冒險

大家都知道，投資有賺有賠，因此有人把風險與報酬畫上等號，好像要獲得較高的報酬就一定得冒上較高的風險，想致富就得承擔更多風險才有可能。事實上一位成熟的投資人會盡量規避風險，能不冒險就不冒險。

要先了解，除了投資項目本身的風險外，最大的風險是來自於「知識多寡」，當知識不足時，幾乎所有風險性投資都能被列入「危險」程度，因為無論項目本身風險高低，你都不具備風險控制的知識基礎。這狀態就像一個人從沒學過道路駕駛就把一台車交到他手上，然後要他開上高速公路，從A城走到B城，順利到達目的地的機率肯定有，但路上出事故的機率更高一點，說不準還得吃上好幾張罰單。而掌握一定的投資知識就能大大降低人為風險，投資老手會知道一些顯而易見的陷阱，盡量規避掉風險來達到目的，這狀態就像一個經驗老道的駕駛行駛在高速公路上，即便突然遇到天氣驟變、車子打滑、熄火等突發狀況，都能最快做出應急處理，把損失降到最低，因此到達目的地的可能性就會上升非常多。

對成熟的投資人來說，第一件事就是計算風險值，遇到拋硬幣這種完全只能憑藉運氣、勝率百分之五十的遊戲是不會想玩的。對他們而言投資是增加財富的手段，既然目的是增加財富，就不會選擇對自己不利的投資，他們選擇的投資勝率一定要超過百分之五十以上，甚至要大大超過，這樣才能稱為「投資」，而不是「賭博」。下注的可是真金白銀，沒有一定的把握就不玩！甚至單純只憑運氣的項目也會盡量不碰，投資最根本的目標是提升利益，學習更多的專業是為了降低風險，進而提高勝率，但當成敗只能交給「運氣」時，反而喪失了「優勢」，這種投資除非期望值足夠高，否則連下注的必要都沒有。所以幾乎成熟的投資人都不會玩「樂透」，因為期望值太低了，玩一把賠一把，一點都不划算。

以長遠的角度來說，你該投資的標的是可以隨著專業知識與技能提升而降低風險的項目，這樣付諸時間成長才有意義。新手投資人通常以為風險無法掌握，所以不花時間在成長上，導致時間過再久，風險還是這麼高，時間在他們身上無異於浪費。

在還是新手投資人的階段，因為知識與技巧還不足夠，要主動控制風險有些難度，建議以被動投資為主，重點在於不浪費時間價值，讓複利發揮效用，而非控制風險。後續隨著學習成長，慢慢進入到成熟投資人的階段，則可以選擇把一部分資金轉移到主動投資上，藉此提高報酬，但原則依然是「能不冒險，就不冒險」，如果你的知識技巧不足以讓投資風險大幅降低，又或者這個投資風險大到承擔不起，那寧願不要冒險！

風險還有一個重要考量來自於「投入比例」，也就是投入比例占據總資產量。舉例來說，一個月收入十萬元的人，即便買了一張一百元的樂透，沒中獎也不會造成太大影響，但對於一個學生來說，也許口袋這一百元就是一天的飯錢，要是拿去買樂透就等於賭上整天伙食費，那就不該賭一把。即便勝率高的投資，只要投入比例過高，風險還是很大，譬如勝率百分之六十，但你投入資金達到百分之五十，還是有百分之十六的機率兩把輸光，而將投入資金降低到百分之二十，五把輸光的機率降到百分之一點零二，你的風險大大降低，同樣都要冒險，風險越低越好！新手特別喜歡冒險，但卻不知道怎麼計算風險，這讓他們從一開始就處於劣勢，有些新手還傻到以為是資本不足的問題，跑去借錢投資，結果依舊輸個精光，背上負債後還以為只是運氣不好。只要沒有學會投資知識與技巧，單純提高資本也不會增加勝率，充其量只是「錢比較多的韭菜」。

做任何投資決策之前，都要仔細計算風險，伽利略說：「數學是上帝的語言」，如果一定要把命運交給上帝，那寧願這個上帝是能夠透過數學事先溝通的，溝通不來的我們才靠運氣。

學會當一個成熟的投資人，掌握自己大部分的命運，非必要不冒險，即便要冒險也只冒最低程度的風險。

11 出手的次數要少，質量要高

不是出手次數多就代表能夠把握住所有機會，相反的，出手次數越多，付出的成本也越高，反而會降低報酬。比起想抓住所有機會，不如思考如何分辨關鍵時機。

以下是美股 ETF 一年內的走勢，一般我們會以為一個投資高手就是能夠精準抓到每一個波段，不錯過任何低買高賣的賺錢機會，漂亮的買在最低點，賣在最高點，這樣就能將獲利最大化，如下圖：

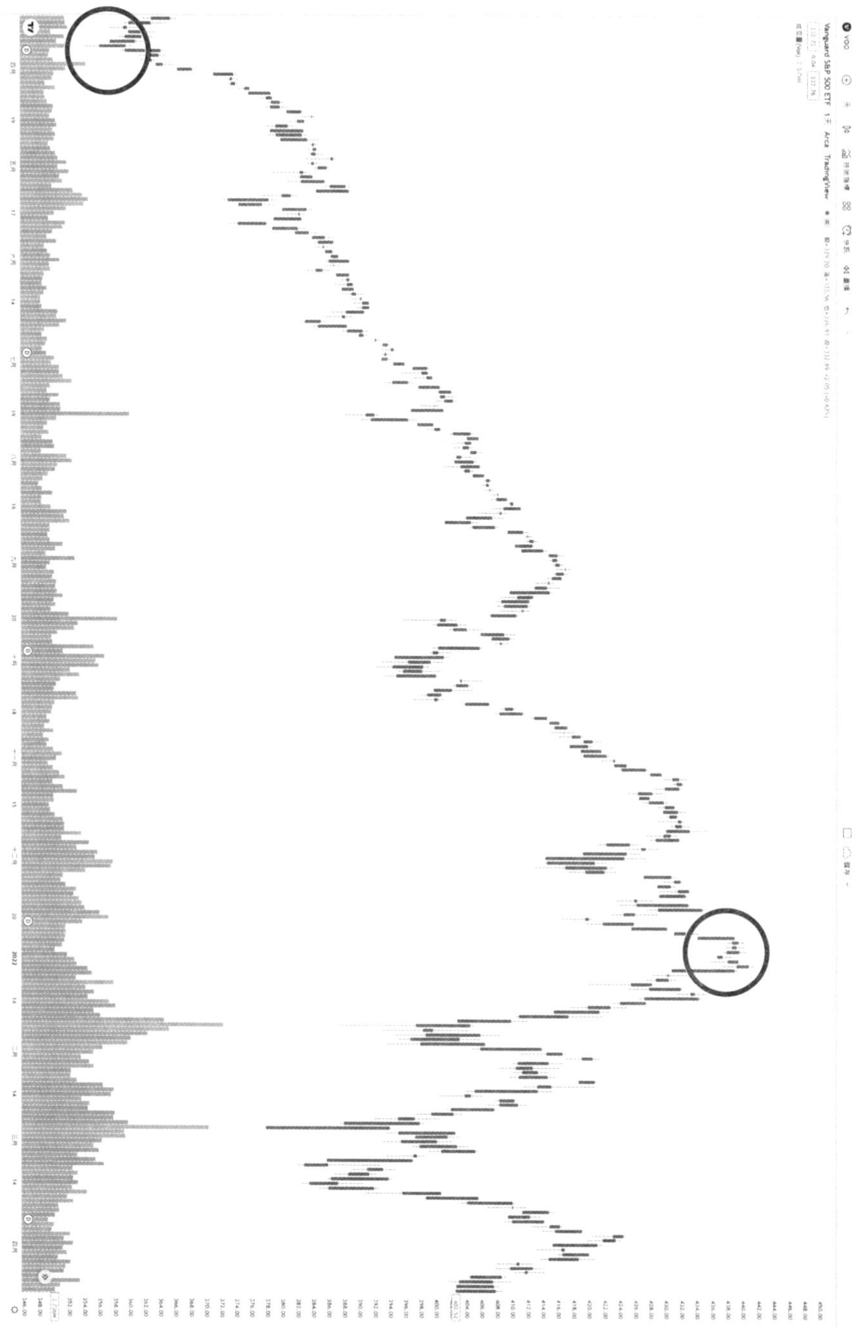
VOO
Vanguard S&P 500 ETF

誰都想低買高賣，但這難度到底有多高？我們根本無法預測最高與最低點，想要抓住每一段波段獲利更是不可能，畢竟市場不是我們能控制的，誰也沒有預知能力能夠精準抓到每一次交易，即便真的辦得到也肯定要花上非常多的時間成本，可能隨時盯著螢幕找機會，這樣真的值得嗎？

而這些機會不需要這麼複雜的操作，也不需要頻頻出手，只要等待適合的時機，就能帶來不錯的效益。並且你會發現，無論何時出手，時間拉長來看，都還是能獲利，不需要過分追求完美的入場時機，如下圖：

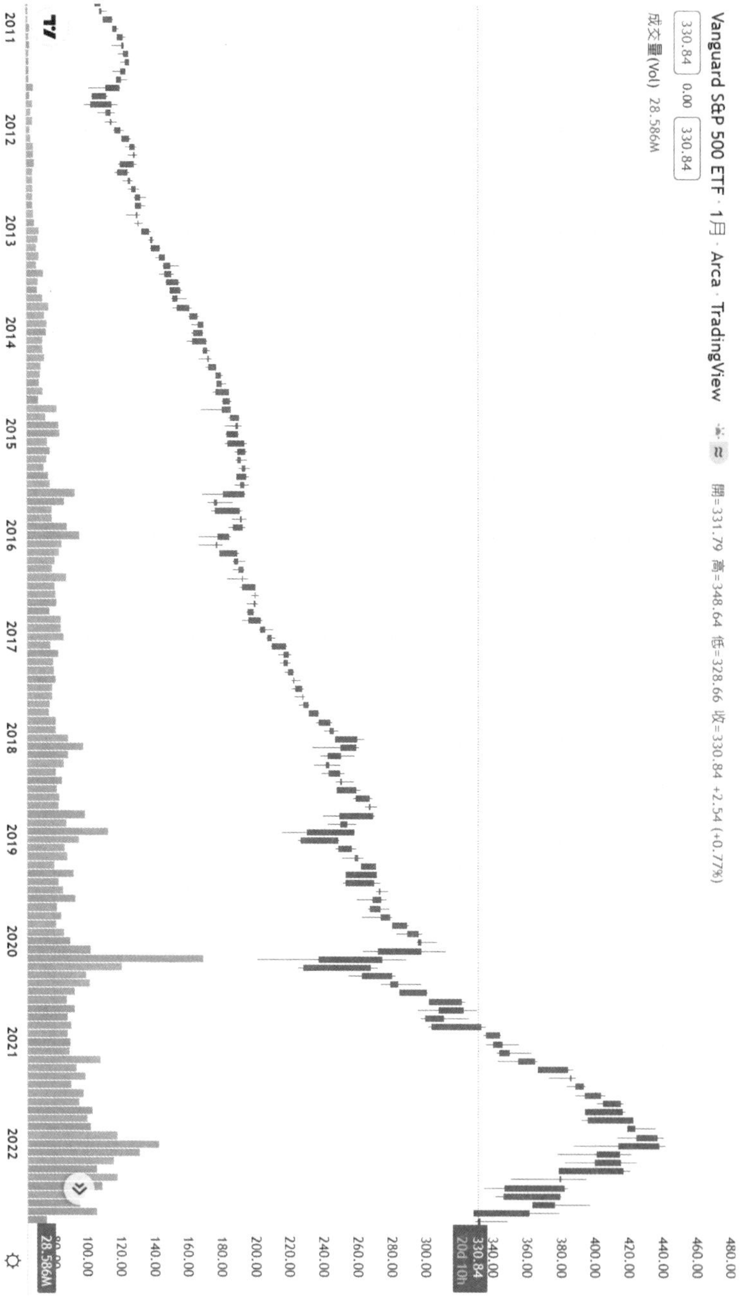
Vanguard S&P 500 ETF · 1月 · Arca · TradingView
330.84 0.00 330.84
成交量(Vol) 28.586M
開=331.79 高=348.64 低=328.66 收=330.84 +2.54 (+0.77%)
2011
2012
2013
2014
2015
2016
2017
2018
2019
2020
2021
2022
480.00
460.00
440.00
420.00
400.00
380.00
360.00
340.00
330.84
20d 10h
300.00
280.00
260.00
240.00
220.00
200.00
180.00
160.00
140.00
120.00
100.00
28.586M

同樣的美股 ETF，把時間拉長到十年來看，你會發現其實無論從哪個時間點入場，只要長期持有都會賺錢，其中有幾個顯而易見的絕佳進場時機，只要能在這幾個「相對低點」入場，就能夠有不錯的收益。其實賺錢是必然的，入場時機反而沒這麼重要，大盤會持續成長，甚至可以說不存在所謂的「高點」，因為從未來回頭看，現在都是「低點」，如果用這樣的思維做投資，再也不需要汲汲營營的尋找最佳進出場點，你會發現自己輕鬆非常多，反正都會賺錢，該思考的反而是要怎麼賺更多錢來投資。

有時候複雜的答案未必是最好的答案，精簡過後的答案更好吸收，也更好操作。以往有很多人想在投資理財上找到聖經，找到傳說中必勝的方程式，你可以說要學技術分析、價值投資、股利折現模型、經濟數據分析、總體經濟等一大堆專業知識，學很多東西當然能夠提高勝率與精準度，但如果心中的目標只是「想賺錢」，我會建議：「盡可能賺錢，盡可能存下錢，盡可能長期投資」。這樣簡單的方法就能夠達到效益了，看起來很無聊，但確實有效，這不就是最簡單的答案嗎？以這樣的策略操作，出手次數不用很高，也許一年只要出手幾次而已，也不太需要看盤，但能夠賺到錢，這決策品質比起頻繁出手卻不確定會不會賺錢，高得太多了。學會用最少的力氣獲取最大的效益，才是一種智慧！只要能把握這種智慧，時間的效益就能夠提得更高，只做真正重要的決策，而不是瞎忙！

學著讓自己的思維品質提升，遠比低水平的重複更重要，當知識不足時，就會害怕錯過機會，只要知識足夠，就會發現任何時候都可能是機會。太陽底下沒有新鮮事，在市場上，歷史不斷重演，過去發生的事未來還是會發生，只要知道核心概念，就會知道現在該做些什麼，之所以會慌張，是因為沒有足夠的知識支撐。對於一個新手來說，因為投資時間不長，所以在他的整個投資生涯來看，可能所有狀況都是第一次遇到，當下很容易手足無措，而對於一個市場老手來說，遇到的狀況也許五花八門，但本質上都不是新鮮事，自然會知道當下該做什麼決策。想要提高經驗值，你可以選擇用自己的時間去嘗試，這也許要花費幾十年歲月才足夠老練。另外一種更快的方式是「吸取他人經驗」，於學習新知後進行回測，即馬上進行驗證所學，很快的你就能累積相當於幾十年的經驗。我們的青春有限，要知道如何善用他人的經驗來替自己省下時間，否則任何事情都得自己闖一遍，成本絕對高到你無法想像。

你沒必要離過婚才學會怎麼經營一段婚姻，也沒必要賠過錢才學會如何投資理財，你要做的就只是好好學習，好好閱讀，好好觀察他人，讓自己汲取前人的經驗，讓你在遇到各種狀況時，能夠做出最好的決策。出手次數肯定不是最重要的，否則你會發現，離過最多次婚的人應該是最懂得如何經營婚姻，但事實上並非如此。在投資上也是，出手越多次也許只是代表每一次都不夠肯定，期望透過出手次數來彌補知識的缺陷，但缺陷終究是缺陷，不會因為低水平的重複就變成高質量的決策。

在感情上我們知道要寧缺勿濫，在投資上也是如此，專注於真正能讓你賺到錢的機會，而非每一次看似能賺錢的機會。

12 投資的錢，要當作判無期徒刑

投資的資金最好是閒錢，至少不要是短期內會用到的，因為無法掌握市場何時能夠讓我們獲利，所以要做好「長期等待」的心理準備，否則還沒獲利，就由於資金壓力被迫出場，肯定是要吃大虧的。而閒錢到底要閒到什麼程度？最棒的狀態就是「能夠判無期徒刑」的資金。

以長期投資的角度來說，如果我們知道複利很可觀，也學習了一定的財務知識，那就會理解其實投資理財這件事，你想解決的大部分不是「眼前的小問題」，而是「將來的大問題」，而對付大問題需要的金額往往得累積幾十年，在達到目標之前，應該要禁止自己從中提出資金，以免中斷累積的成果，這段期間都要忍住不破戒，如同判自己的資金「無期徒刑」。

如果我們追求的目標是「財務自由」，那更該把握這種方式，因為工作本身是一種「有期限」的勞動，我們有一天可能都會老到無法工作，但卻不是每個人都有退休這個選項，有退休金的人才叫「退休」，沒有退休金的人叫作「失業」。在勞動過程中讓資本代替自己工作就是解放的關鍵，我們要做的是盡可能在「有期限」的勞動日子裡，將賺取的資金判「無期徒刑」，直到這些資金能夠「無期限」代替我們工作，才能夠安心地功成身退。

有些人準備不足，導致資金最終只能「有期限」地代替自己工作，隨著退休時間越長，看著退休金越來越少，最終歸零，這時如果自身還能工作倒還好說，若拖著七老八十的身體還要勞動，滋味肯定不好受。更慘的是無法工作，那就得依靠家人或社會救助，當一個人只能把自己的人生交付出去，也是一種心靈上的「囚禁」，等同很多事情不再能夠隨心所欲，被剝取了某些自由。

有些人會用有期徒刑的角度思考財務，譬如努力存錢三個月，是為了買支新手機；努力存錢一年，是為了買一台新車，當下完成目標當然很愉快，但解決的都是「小問題」，隨著小問題解決的越多，「大問題」卻可能越滾越大。他們從來沒意識到，要不就是判「資金」無期徒刑，要不就是判「勞動」無期徒刑，總是得在這兩者之間選擇，而資金與勞動的「期限差異」清晰可見。

我一直都覺得很多人在處理財務上有不理智的行為，其實是沒有足夠的知識做基底讓他們想通而已。為什麼學習很重要？在有限的人生內，不能學會讓錢無限期為自己工作，實在太虧了。工作固然很重要，但人生肯定也有很多風景是你不想錯過的，越早把資金判進「無期徒刑」，就能越早解放自己，可以早為什麼要晚？

在財務上，如果你的投資策略能夠長期帶來獲利，那最好的投資期限當然是「一輩子」，假如過程一切順利，最終個人財富會遠遠大於自身所需，這也是為什麼別人問巴菲特，你最喜歡持有的股票時間是多久？他會回答：「最理想的持有時間是永遠。」有人以為總有一天要變賣掉資產，這樣才算是獲利了結，但如果一項資產能夠永遠的成長下去，那無論何時賣掉都很可惜，重點並不是獲利了結，而是「現金流」！只要資產能夠產生足夠現金流，持有一輩子又如何？甚至當現金流已經遠遠超過生活所需，除了持有還能不斷加碼，這才是真正意義上判自己的資金無期徒刑，代表我們的投資決策正確，所以能夠輕鬆持有一輩子，乃至繼續判更多資金無期徒刑。

時間是一個人最重要的資本，我們無法決定生命的長度，但可以決定生命的寬度，能夠在有限的生命裡盡可能減少自己「不自由」的時間，才有更多的時間拓展生命寬度，善用投資理財即是關鍵。金錢工作跟人不同，既沒有勞動時間限制，又不會疲憊，我們需要做的就只是前期判處部分的資金不自由，來換取未來人生的自由，理性來講，以小換大絕對是划算的，畢竟人生的價值無法用金錢來衡量。

在投資理財上，時間是複利最重要的資本，而把時間運用到極致的方式就是，一開始就判處資金「無期徒刑」。

IV

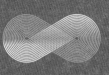

人生的資產不只是錢

1 你的家人是資產還是負債？

家庭環境會影響一個人的成長，但未來走向是好是壞完全看個人如何解讀，即便出身不好也有許多翻轉的例子。有個故事是這樣的：有一對雙胞胎，其中一個是酒鬼，另外一個是議員，有人問他們是什麼原因導致現在的差異，他們都回答：「因為我爸爸是酒鬼。」成為酒鬼的人覺得從小耳濡目染爸爸酗酒，所以長大有樣學樣，也成為了酒鬼。成為參議員的人覺得從小看到爸爸做錯誤示範，自己要以此為借鏡，不重蹈覆轍，絕對不能變成這樣的人，所以透過努力成為了參議員。在心境上，家庭環境對前者是負債，對後者卻是資產，你如何看待自己的家庭，很大程度會影響以後的發展，要知道「我們看到的只有事實，意義都是自己賦予的」，所以要如何被家人影響，其實都是自己決定的。

伴侶是這輩子最重要的人之一，若能找到三觀相合的伴侶，自然婚姻生活能夠幸福美滿，且幸運的是，通常我們能夠自由選擇伴侶。如今是個自由戀愛時代，喜歡就交往，不喜歡就分開，沒人能逼我們一定要走入婚姻，我們完全有權利「自由選擇」對象。照理說願意共組家庭的對象，應該是自己千挑萬選後認為最適合結婚的人，畢竟之後要共同負起家庭責任，可得好好選擇。好的伴侶能讓生活產生一加一大於二的效應，美好的伴侶絕對是人生一大資產。有時候聽到有人抱怨自己的另外一半，偶爾倒還好，但經常抱怨就很離奇了，這就好像有個人每天帶了早餐，每次打開時憤怒大喊：「怎麼又是花生醬三明治！」有一天你忍不住問他：「你不喜歡花生醬三明治，怎麼不叫家人做其它口味？」他用一種很驚奇的眼神看著你：「這三明治是我做的！」

既然是自己做的選擇，為什麼要抱怨呢？也許關係久了，漸漸忘記愛對方的理由，在最初的時候你把對方當資產，怎麼最後卻經營成負債？那是對方的問題，還是你的經營出了問題？好好檢討一下，找出原因加以改善，除非真的經營不下去，那才考慮「換個口味」，也比抱怨來得強。但如果你發現頻頻換對象都還是抱怨，那就是自己的問題了，也許是「選擇標準」或「關係經營」出問題，找伴侶之前要列出你認為最重要的條件，不符合就不要隨便選，沒有原則的亂槍打鳥，只會浪費彼此時間。找出關係經營裡屢次出現的問題，用心處理，永遠不要期待自己不做任何改變就能得到一段好的關係，無能的人才會期望別人無條件地包容自己。評斷對方是資產或負債之前，先評估自己是對方的資產或負債，在關係裡面同等的價值才會造就雙贏。

需要照顧的家人是資產還是負債，也是自己決定的。我在寫書的此刻，剛結婚生子，兒子不到一歲，這麼小的幼兒肯定是要依賴爸媽維生，從經濟上的角度看，這肯定是負債，但從心靈上，我完全覺得孩子帶給自己的是龐大資產。工作回到家即便再累，看到他的笑容都會被療癒，而且他賦予了我更多目標，譬如賺錢是為了給家人更好的生活品質、有時間陪伴孩子成長，承擔了更多責任的我工作起來更有動力，反而能創造更高的效率，賺到更多的收入，所以從這層面來看，兒子帶給我的資產價值遠遠大於負債。

為什麼把家人經營成資產很重要？你肯定聽過「成家立業」，但沒聽過「立業成家」，因為先有良好的家庭基礎才能夠支撐你的事業運轉更加順利，當家人全心全意支持你的事業時，才能夠放心衝刺。家庭不和睦，每天在外打完仗，回家又繼續打仗，事業還沒做起來，就被自己人消耗死了。事業跟家庭都很重要，但最後能夠陪伴人生的還是家人而非工作。賺再多的錢也買不到美好的愛情、良好的親子關係、和樂的家庭氛圍，這些資產都要靠自己認真經營才能獲得，其價值並不比金錢低。

把家人經營成資產，人生會更加富足；把家人經營成負債，人生會更加貧乏。慶幸的是，兩者都是你能創造出來的，資產或負債，一念之間。

2 人脈到底該怎麼建立？

都說出外靠朋友，出社會後特別有感，很多事情有朋友幫忙確實會更加順利，但一開始什麼都沒有時，到底該怎麼建立人脈呢？

有人會搞錯方向，覺得建立人脈就是要認識很多人，好像認識的人越多就代表人脈越廣，但卻發現，即便認識了很多人也不見得都能用得上。為什麼會這樣呢？因為建立人脈的關鍵其實不是「你認識誰」，而是「誰認識你」。如果認識一堆人卻沒有留下記憶點，這樣算是有效人脈嗎？你記得對方是誰不重要，重點是對方記得你是誰，那對方為什麼要記得你？你有什麼值得別人注意的地方？

建立人脈的第一步其實是增加「自身價值」，我們都喜歡跟厲害的人交朋友，這是人的本能，大家都期待新朋友能帶給自己更多的收穫與價值，當我們是一個在社會上有地位的人物，自然會有很多人想認識我們，因為對他們來說有強大的誘因，但是當我們還沒有這些社會地位時該怎麼辦呢？那就想辦法創造「能被利用」的價值，可以去磨練一技之長，讓自己在專業上能夠協助對方，又或者主動幫忙對方，凸顯自己的記憶點。

人脈的基礎建立在於價值交換，雙方能夠進行等價交換，才可以達到平衡，關係才能長久。當價值失衡，就會出現一方給予大於索取的狀態，長期來說對關係會造成傷害。不過一開始能提供的價值遠低於高端人脈時，難道就不能去交朋友嗎？當然不是，因為對於高端人脈來說，起初因為無私，他們也許不介意多給予一些，但並不代表能被無限制地索取，若被索取久了，終究會有個停損點，畢竟沒有人希望交朋友反而造成自己麻煩。所以成長到足以回報時，也要適當回饋，才不會讓寶貴的人脈因此流失。

大家都想遇見貴人相助，但首先自己得先成為別人的貴人，當自己有能力幫助別人時，別吝嗇幫忙，因為人脈的建立也在於「你幫助多少人」，你得先幫助別人，在對方的人際帳戶內存下存款，當存款足夠時，有一天你需要幫忙，也才能從這些人際帳戶中提款出來。為什麼一直索取的人最終會沒有朋友？因為他們從不存款，只把朋友當作提款機，有事才找朋友，沒事都不聯繫，誰會想跟這樣的人維持長久的人際關係？

要如何幫助別人呢？一個人能幫助他人的基礎來自於實力，實力又分成硬跟軟，硬實力概指「一技之長」，擁有厲害的一技之長，對他人而言是個非常直接的誘因。只要有一定的硬實力，在社會上要快速建立起人脈並不難，因為大家都想跟強者合作。另一個方向則是軟實力，概指能給對方帶來「滿足感」的能力，透過某些能力滿足對方需求。像我有個朋友，攝影技巧高超，出門總是能替大家拍出各類網美照，所以他身邊的朋友都很喜歡找他出去玩，藉此滿足「美照的需求」。還有個朋友，為人十分幽默，朋友跟他在一起總是能笑得很開心，他滿足的就是別人「快樂的需求」。硬實力也許需要不少時間堆疊，但軟實力隨時都能夠開始培養，我們肯定能找到自己某項長處來貢獻價值給他人，建立人脈從主動貢獻價值開始。

「誠信」也是建立人脈最重要的品德之一，對待朋友要真誠、守信，彼此之間不虛偽、不欺瞞，才能打開心門交談，沒有人想跟戴著面具的人浪費時間，到最後我們只會想把時間拿來交「真」朋友，而不是「假」朋友。對人承諾的事情一定要做到，約會要守時，答應要幫忙的事也要盡力完成，每一個行為都會影響別人在自己信任帳戶上的分數，分數越高的人才有資格提款。記住，別人幫忙也不是義務，端看你在他們心目中是否值得。

最好的人脈建立是彼此能夠幫助對方成長的關係，當雙方都意識到持續增值的重要性，也樂於提供彼此價值，那就會進入一種正循環。記得要特別珍惜這種關係，因為彼此都足夠優秀，不會過度索取，造成對方麻煩，而是專注在提升自我價值、貢獻價值上。

最終，有效人脈不是來自你認識多少人，而是來自你幫助過多少人。

3 培養自己的信用

只要使用自身的「信用」，通常能額外變出錢來。「信用」的存在，讓人能夠突破自身的侷限，有時候我們會發現資產透過「信用」能夠擴增至少好幾倍，只要擁有「信用」，我們絕對比想像中來得更加富有。

「信用」的價值可分為金融信用與人際信用。金融信用幾乎人人都會用到，對於金融機構來說，每個人都有一個信用分數，只要是正常上班族，平時無不良紀錄，幾乎都能夠從銀行借取各類貸款，譬如信用卡、信貸、房貸、車貸等，每一個人都能量化出借款額度，而這些數字加起來都可能是收入的好幾倍，甚至幾十倍，只要平時按時還款，金融業是很樂意借錢給我們的，對他們而言，這些貸款的利息就是主要收入來源。所以平時要累積好金融信用，善於跟銀行打交道，聰明使用銀行的信用機制能讓你多出很多可用資金。不過金融業也非常現實，只要出一次問題，就可能會把資金都收回去，可謂是「晴天借傘，雨天收傘」的表現，使用上必須非常有技巧，水能載舟，亦能覆舟。

人際信用則是來自身邊的親友，只要做人不要太失敗，通常跟身邊的人借錢應該不難，但能夠借多少錢，就看我們的「信用」有多少了。建立人際信用比起跟銀行借貸困難得多，因為金融機構借錢可以通過評估各方面還款條件或是抵押品來決定，但朋友評估的標準是「我的價值」，相較於金融機構來說是非常難以界定範疇的，其中包含著收入、品格、態度、知識等各式各樣的因素，隨著角色不同，每個人都有不同的評估標準。雖然看起來複雜且麻煩，但人際信用的潛力比起金融機構大非常多，因為其評估的標準並非單一可量化的。譬如馬雲若要借錢，肯定是容易的，而且能借到的金額也許比銀行大得多，那他身邊的人為什麼會借他呢？肯定是因為馬雲本身價值足夠高，借了也不怕他還不起！但如果是一般人可就不一定了。

唸大學時，我有個同學總是會在月底時跟我借幾百元，原因是沒錢吃飯了，他也跟我一樣半工半讀，我想可能是壓力重，也不疑有他就借了，但這一借發現他不只這個月，幾乎每個月都借，雖然最後都會還，但總讓我覺得奇怪，不可能每個月都壓力這麼重吧？後來才發現他是把錢拿去賭博了，之後我再也不借他錢。從這過程會發現，我一開始評估要不要借錢的標準來自於對方平時的行為，但後來僅僅觀察到一個問題，就讓我中斷幫助他的念頭了，也不是對方能不能還得起的問題，只是我覺得沒必要借。

所以平時積累自身的「信用」非常重要，我們也許能夠從金融機構借到錢，未必能夠從身邊的親友借到錢，但如果真的遇到緊急狀況，往往能幫助我們的是親友而非金融機構。譬如突然失業，因為失去工作收入，這時要跟金融機構借錢相對困難，但若身邊親友願意協助，還是能夠度過這樣的艱難時期。

「信用」對於一個人的財富發展影響重大，若沒有信用這樣的機制，在缺少金融機構貸款的情況下，也許很多人連買車、買房都難以做到。而在缺少人際信用的情況下，遇到突發狀況也會無計可施，最常見的生、老、病、死都難以應付。

善用信用能夠省下我們很多時間，存一百萬跟借一百萬，通常是借會比存來得快，但這並不代表能夠濫用信用，因為當我們借出錢的同時也在消耗自身信用，所有的信用都是有額度的。平時除了打好與金融機構的關係外，更重要的是持續累積各方面的實力，譬如提高收入，持續注意自己的言行舉止，誠信待人，樂於助人，才能在人際信用內也存下額度，金融信用的廣泛度絕對沒有人際信用來得高，金融信用只能提款，而人際信用除了能提款，還能讓你交到良師益友、收獲愛情、建立事業等，可以說無論要做什麼事，只要跟人有關幾乎都需要有良好的人際信用做支撐。

一個人的資產並不僅限於有形的財產及資源，還包含信用的總和。

4 有質量的技能，越多越自由

工作可分為兩種屬性，一種是有訂價權的，一種是沒有訂價權的，其中的差異來自工作是否能夠被輕易取代。如果工作只是純粹出賣勞力、時間來換取收入，基本上訂價權都會在別人手上，因為市場上不缺勞動力，每個人都可以出賣自己的時間跟勞力，老闆能夠輕易把此類工作交給任何人，誰來做都是差不多的結果。但工作如果是需要一技之長才能完成，而這個技能的門檻又足夠高，是其他人難以在短時間內取代的，相對就擁有訂價權，可以根據技能的難易度與需求，在市場上自由訂價賺取收入。

很多人工作非常久，還是會害怕失業這件事，很大原因在於他們的工作「沒有訂價權」，如果把提升收入全寄託在公司的年資、權謀爭鬥、階級上，一旦離開公司就「什麼都沒了」，只要拔掉職稱、拿掉名片，也許無異於一名大學畢業生，那當然會慌張，因為下一份工作可未必會參考「過去的經歷」，從基層開始也是很普遍的事。但有一技之長的人很少擔心失業，因為他們知道自己的技能擁有「訂價權」，所以一直以來關注的焦點都是提升技能，透過技能價值來賺錢，不需要經過別人同意，只要市場可以接受，隨時都能漲價，而且技能夠搶手，到處都有地方可以工作，甚至還能自行創業。我有位朋友是室內設計師，一開始在設計公司工作了幾年，因為美感極好，所以客戶都很喜歡他的設計案，也都會指名要他設計案子，有一天他跟老闆起了爭執就毅然決然離職了，後來有很多設計公司看了他過往的作品都想聘用他，一開始他還在猶豫要去哪間公司，但最後因為想要自由，索性就自己創了一間設計公司，結果過往的客戶都回來找他設計，創業第一年生意就好得不得了。這位朋友在剛離職時，也沒有一點緊張感，甚至創業也不擔心失敗，我想就是憑藉他有著實力過人的「一技之長」吧！

能夠靠「一技之長」賺到錢，就等於擁有「工作自由」，也就是「不需要經過他人同意，也能賺取自己所需的收入」。擁有「工作自由」的人相對會快樂很多，他們能夠貫徹自己的心靈意志，不必違背自己的想法去做決策。對上班族而言，可能多少都會遇到不能完全順從自己意志的情況，畢竟決策權不在自己手上，只能聽命行事。想擺脫這種狀況，就必須學會更多技能，技能越多的人，才擁有越多主動權。在職場內，技能越多的人越容易往上爬，並且當自己對於技能產出有一定的自信時，就不再害怕離職，也不會恐慌自己無法在社會上生存，反正擁有一技之長，「此處不留爺，自有留爺處」！

在社會上，只要能把技能磨練到極致，通常都能占有一席之地，這世界是八十比二十法則，大部分的收入都會流入最頂尖的職業人士手上，同樣的職業，最頂尖的收入可能是剛入行的好幾倍，甚至幾十、幾百倍，所以如果決定要學一項技能，就得想辦法磨練到極致，否則半吊子的心態絕無法獲得巨大的成就。現在很流行「斜槓」的概念，一個人要多角化經營自己當然是很棒，但如果每一項「斜槓」帶來的收入都無法獨力養活自己，這樣就沒有「斜槓」的意義了，所以要「斜槓」就該把經營項目認真當作職業為出發點，要做就做到最好，不然乾脆不要「亂槓」。先把手上的工作技能練到極致再來考慮跨領域，人的精神力有限，真正聰明的人不是同時間學很多技能，而是一段時間集中學一項技能，直到能夠掌握了再進行下一項技能的修練。李小龍講過一句名言：「我不怕曾經練過一萬種踢法的人，但我害怕一種踢法練過一萬次的人。」專注絕對是出類拔萃的必要條件。

一技之長會帶給人強大的內在價值與安定感，比起外在價值（頭銜、資歷、外在條件等）這類需要經由別人評價的價值，擁有一技之長的人更不容易被外在環境給動搖，甚至能夠四海為家，只要技能在身，到哪都能闖出一片天。學習技能絕對比學習如何諂媚他人、應酬、強顏歡笑更加實用一些，如果想要找回自己的尊嚴、安全感、自由，那就好好磨練自己的一技之長吧！

一技之長可以安身立命，多技之長令人飛黃騰達。

5 找到自己的熱情所在

一個人會不會從優秀變卓越，跟熱情有很大的關係，即便做同一份工作，有熱情跟沒熱情，產生的結果天差地遠。我們可能在工作上遇過兩種人，第一種人上班時偷懶，只要別人不要求就不會多做事，事情做完就等下班，這就是對工作沒什麼熱情的人。第二種人上了班就可以專注工作，甚至夜以繼日，下了班也不急著走，總要把事情做完才甘願，這就是對工作有熱情的人。

這兩種人注定在職場上有著截然不同的結果，因為對工作投入的成本差太多了。對沒熱情的人來說，工作就只是工作，對他們而言工作是為了賺取收入必須的選擇，若可以的話都想要盡早逃離工作。有熱情的人，工作對他們來說是興趣，既然是興趣就不會想逃離，反而會認真把事情做好來獲得成就感，工作的同時也在享受。從技能熟練度來看，第一種人每天工作八小時都嫌長，第二種人每天工作八小時是基本，做得開心還會廢寢忘食。一門工作或技能，通常都會隨著時間投入越多越熟練，所以第二種人在提升技能上占有絕對優勢。從經驗值來看，第一種人在工作上通常只求交差，並不會思考如何做得更好。第二種人除了完成任務外，還會思考如何做得更好，甚至願意主動投入學習來優化工作品質。對工作來說，完成任務是基本訴求，但能夠更有效率的完成工作，就能加速累積經驗，所以第二種人也會具備經驗值的絕對優勢。

對於一個很喜歡自己工作的人來說，即便把工作與生活綁在一起也是無所謂的，因為做著喜歡的事情就是生活的一部分，那又何必區分呢？很多人會誤會這樣的狀態是工作狂，但其實他們只是單純做著自己有熱情的事，而外人以為那是工作罷了。李開復說工作的最高境界就是：「你以為我在玩，其實我在工作；你以為我在工作，其實我在玩。」我對這句話很有體會，因為工作的關係，所以經常要演講，有些人以為我演講是一件很累的事，所以總是會在結束時跟我說聲「辛苦了」，但其實我覺得「不辛苦」啊，因為我根本沒把演講這件事當成工作，而是當成跟台下的聽眾聊天，每次都在嘗試如何讓聽眾邊笑邊學到東西，特別好玩！反而跟別人聚餐，但內容都在聊公事時，我才覺得我是在工作，對我而言，這頓飯吃得比演講還辛苦。

即便我們知道熱情對人生的影響有多大，但可能還是有人不知道自己的熱情在哪，到底該怎麼找到熱情？我提供各位三種方式參考：

(1)大量嘗試

之所以找不到熱情可能是因為嘗試得太少了，在選項不夠的情況下，確實可能沒有一件事情是自己特別有興趣的，這時候要做的就是大量嘗試，只要自己沒試過的都找機會試試，假如沒找到特別喜歡的，也不要逼迫自己在有限的選項內硬要做選擇，否則就好像只交過兩三個對象都不滿意，卻以為全世界都不會有令你滿意的對象一樣，至少多試試幾個再下決定也不遲。

(2)刪去法

我們當下分辨不出自己到底喜歡什麼，但一定分辨得出自己討厭什麼，討厭的事情很難勉強自己，所以至少篩選掉討厭的事，從不討厭的開始，再來釐清會不會喜歡吧！

(3)優勢盤點

對於自己能夠做得得心應手的事，通常會給你帶來成就感，既然做得好也就更容易喜歡上，當你能做得比別人更好，也就代表有更多的競爭優勢，把自己的優勢盤點出來，從中找到自己既擅長又喜歡的，經常都能發展出熱情。

不只是工作，生活上也要找到熱情，包含運動、休閒娛樂、美食、交友等各式各樣的活動，有熱情的人對人生的態度會大為不同，因為知道自己為何而忙、為何而活，每一天都會對生活有所期待。當下都在做自己最棒的選擇，過著自己熱愛的生活，這樣的人自帶光芒，因為生命是充滿能量的，每一天都能全力以赴，為追求更好的自己而努力，在外人看來這樣的人通常都是成功人士，每天充滿熱情的活著，不小心就持之以恆，也不小心就成功了。

所謂成功，就是對生活充滿熱情，活成自己喜歡的樣子。

6 能槓桿的不只是錢

一個人的能力終究有限，要擴張自己的能力，最快的方式就是透過槓桿。提到槓桿，很多人第一時間就會聯想到金錢槓桿，但除了金錢槓桿外，還有很多能夠槓桿的資產可以使用，這些都是致富的關鍵。富人最常使用五種槓桿：「OPM、OPT、OPE、OPR、OPI」，能夠掌握這些槓桿就離致富更近一步。

(1) OPM(Other People's Money) 運用別人的金錢

很多事可能會受限於資金不足而無法進行，這時候透過槓桿就能夠將資金擴大，向金融機構貸款是最常見的形式，我們能藉由貸款買車、買房、投資、創業等，等於透支未來的資產先行使用，當然市場上還有各式融資方式，譬如眾籌、IPO、P2P 等，本質上都是想辦法透過槓桿增加資金，至於到底適不適合槓桿，則參考前面第一〇二頁〈不要盲目借貸〉。

(2) OPT(Other People's Time) 運用別人的時間

一個人一天就是二十四小時，即便產能再高還是有極限，人終究需要休息，要如何突破自身時間限制？就是運用別人的時間！假如一個人能一天工作八小時，那雇用十個人就等同一天擁有八十小時的產能，只要學會運用他人的時間來提升產能，除了能解放自己的時間外，還能夠持續擴張產能，這就是為什麼富人通常有閒也有錢，因為他們的產能並非是使用自己的時間獲得。

(3) OPE(Other People's Experience) 運用別人的經驗

身體力行是獲得經驗最深刻的方式，但凡事都自己嘗試，就會花費太多時間，遭遇太多挫折。因此想成功最快的方式就是找已經成功的人學習，將別人二、三十年的經驗總結下來，可能我們只要花十年就能夠達到一樣的高度了。如果身邊找不到人可以學習怎麼辦？那可以透過閱讀、上課等方式，一樣能夠學習成功人士的經驗。人的壽命有限，如果不能承接前人的經驗，我們將一直在原地打轉，善用別人的經驗，就等於省下大把摸索的時間，把這些時間拿來享受知識的果實，肯定是更聰明的作法。不向外學習，我們的知識與經驗就只會來自親朋好友與自己，若環境裡面沒有一名成功對象讓我們學習，很可能就會困在惡性循環裡。

(4) OPR(Other People's Resources) 運用別人的資源

剛起步，自身資源不夠多，那就用別人的資源！透過朋友介紹能夠得到很多原本沒有的人脈、商品、通路等資源，剛發明一個東西不知道放哪賣？那就放上網路賣！放到別人店裡賣！藉由整合別人的資源來發展，就能夠突破自身限制。就算本身沒有很厲害，但只要合作的人很厲害也能幫我們突破瓶頸，學會資源共享，共創雙贏，運用別人的資源協助我們打天下。

(5) OPI(Other People's Idea) 運用別人的點子

世界上有很多最偉大的發明都不是原創，像是燈泡並不是愛迪生發明，卻被愛迪生實用化而普及，電腦也非微軟與蘋果的發明，但他們卻眾所皆知。畢卡索有句名言：「傑出的藝術家模仿，偉大的藝術家盜竊。」如果看到別人有個好點子但沒有真正發揮出價值，而你有把握將這點子發揮到極致，能夠將這個點子付諸實踐，你就是個偉大的藝術家，未來等你功成名就，大家也只會記得你，而不記得當初發明這個點子的人。這世界不缺乏好點子，但缺乏能夠將點子執行得淋漓盡致的人。我很喜歡一部電影，叫作《速食遊戲》(The Founder)，這部電影描述的是麥當勞創立的過程，充分把「運用別人的點子」詮釋得非常到位，世人最後只會記得把點子發揚光大的人，而非創造者。

學會使用槓桿是從貧窮與中產階級跳到富裕階層的關鍵，當我們能夠把目光由自身轉移到整體環境，就等同從個人資源轉移到大眾資源，由有限變成無限，這個世界從來就沒有限制過我們什麼，只在於我們敢不敢想。要對自己問對問題，就像手上有十元，想買一百元的東西，不要去想「我只有十元買不了」，而是要思考我手上有十元，「該怎麼用十元買得起一百元的東西？」讓自己浮現各式各樣創意的想法，善用各種槓桿就能夠找到答案，也許是跟人借九十元再分期付款償還。(OPM)也許是找到擁有的人，跟對方租。(OPR)方法可以有很多，只要不侷限自身就可以。

阿基米德說：「給我一個支點，我可以撬動地球。」擁有一個思維槓桿，我們也可以撬動夢想。

7 注意力超級貴

有一句話說：「時間花在哪，成就就在哪」，我覺得這樣的定義還有些廣泛，更精準一些，應該改為「注意力在哪，成就就在哪」。因為要成就一件事情，花時間是必然的，但時間並不是花了就一定有成果，還得要看注意力是否有放對位置。

譬如有些人去上課學習，老師在講課，學生卻在台下滑手機，結果下課後學生完全沒有學到東西，以時間來說確實是花費了幾小時聽課沒錯，但注意力沒有發揮任何作用，那這段時間等同於「浪費」，因為結果就是「沒有學到東西」。注意力是創造的基石，每一件事情都是投入注意力並灌注時間才完成的，賺錢當然也不例外，但提到資產時，很多人第一時間聯想到的資產就是金錢，卻沒想過時間與注意力也是資產，而且以重要順序來說，注意力大於時間大於金錢，當我們想要追求金錢時，應該首先關注金錢是怎麼賺來的？找到關鍵後，投入相應的注意力與時間就會賺到金錢，所以金錢可說是專注的產物。

而注意力比起時間更重要的原因，在於時間是我們無法掌握的，不管願不願意，時間只會自顧自的流逝，但注意力卻不同，注意力是我們完全可以掌握的，我們隨時能夠決定自己是不是要在睡前多看兩頁書，也能決定自己是否要少賴床十分鐘起來運動，雖然一天只有二十四小時，誰也無法多也不會少，但大家可以各自決定這二十四小時內的注意力分配，最後成就的差異也不是因為誰的時間多或少，而是在相同的時間內，彼此的注意力到底產出多少？假設兩個人工作時間一樣長也一樣認真，那未來差異就在「工作以外的注意力」分配，A選擇工作外持續進修，B選擇工作外持續放鬆，那A未來相對就能擁有更高的產能，賺取更多的收入。我認為大部分人其實不是沒有時間學習，只是注意力更容易被學習以外的事「收割」，也許比起看書，看連續劇更吸引人一些，但當注意力被收割，也代表產值被「連續鋸」到什麼也不剩了。

注意力在這個世代是很有價值的資產，很多新媒體都靠注意力維生，拚點擊率、流量，很多廠商捧著錢下廣告來收買注意力，而一般人也許不自覺，滑著手機就被收割了注意力，甚至還不小心就為注意力「下單」了。在這個知識與流量都能輕易變現的時代，手機不只是通訊工具，更是賺錢的工具，手上握著一樣擁有無限可能的工具，問問自己：「是你在養手機，還是手機在養你？」

注意力超級貴，但人生總是有許多坑在不經意間耗費注意力，其中我認為最嚴重的應該是「別人的事」，總有不少人喜歡把時間花在別人身上，譬如「談論八卦」這件事，不管花時間聽或講都不會讓自身有所成長，但一堆人樂於花大把時間談論八卦，除了身邊近的人談，連關係搭不上邊的也談，甚至見都沒見過的明星藝人也談，注意力就在這些流言蜚語之中消逝。在這過程中，獲得的還大多是負面言論，用自己的注意力來毒害自己，我想沒有比這更離奇的「自殺」方式了。還有些人會「過度關心別人」，譬如別人談戀愛，喜歡問進展，搞得像是自己談戀愛一樣。別人投資、創業，也愛問賺不賺錢、成不成功，好像成敗與否自己也有參與一樣。別人心情不好，自己也跟著心情不好，然後連帶影響自己的生活與工作，到底是在過誰的人生啊？幹嘛把別人的人生體驗帶入自己生活中呢？醒醒吧！那畢竟是別人的人生，我們要關注的是自己，注意力已經這麼貴了，還要花在別人身上，真的值得嗎？

真正需要我們花注意力維繫的應該是家人與朋友，但也是在「維繫」與「陪伴」的範圍內，絕對不是把人生也「賠」下去，阿德勒說得好，人生的煩惱百分之九十九來自於人際關係，要脫離這些煩惱，就是要做好「課題分離」，分清楚這些問題到底是「誰的課題」，不要介入「別人的」課題，也不要讓別人介入「自己的」課題。別人沒辦法為我們的人生負責，我們也沒辦法為別人的人生負責。所以最終會發現回到自己的課題：「注意力該放在哪」？

每天早晨醒來，我們都能決定接下來一整天要做些什麼，雖然控制不了清晨流逝，但卻能百分百控制自己的注意力，這就是我們最寶貴的資產。

8 時間是你的朋友還是敵人？

上一篇提到時間也是人生重要資產，但卻不是每個人都能充分發揮資產價值。時間要發揮價值最主要是依靠複利這個概念，而人生內能夠有複利的事以「投資理財」和「成長」為主。

以投資理財來說，會覺得要耗費幾年甚至幾十年才有辦法致富而感到痛苦的人，本質上是因為他們的時間「沒有價值」，他們沒有享受過複利帶給他們的好處，時間在他們身上完全沒有達到財富增值的效果，對於時間無法產生金錢的族群來說，每一天都叫作浪費，才會沒有耐心等待。而對於有進行明確財務規劃的人來說，時間是賺錢最重要的單位之一，隨著時間流逝，資產也越來越多，他們充分享受到複利帶來的價值，讓錢替他們工作，對他們來說時間是最寶貴的資產，每一天都擁有產值，也就更容易有耐心等待。

「時間就是金錢」這句話在投資理財上就是非常好的體現，如果我們沒辦法用時間賺取金錢，某種程度上也是浪費了時間的價值，因為不管願不願意，時間仍會自然流逝卻沒有半點產值。

以成長來說，對於沒有花時間在學習上的人，其實也感受不太到時間的價值，因為昨天的自己與今天的自己並無差別，過一天也只是一種重複而已，時間只會在他們身上留下「歲月的痕跡」。對於有花時間在學習上的人，時間就能發揮價值了，查理．蒙格給過一個建議：「每天起床的時候，努力變得比從前更聰明一點」，一開始確實不會成長很快，但當我們累積越來越多知識，達到融會貫通的境界，就會迎來飛速的成長。我們一定遇過有種人，學什麼東西都特別快，做事也能很快掌握到訣竅，簡直叫人羨慕死，有人會說這是天才，擁有天賦過人的才華，但其實這種人只是過去累積的特別多，他們花過大把心思與時間去學習，認真把每一件事情的核心想透，把學到的知識全部刻進腦袋裡，所以當要學習一門新知識，就可以很快把過去累積的知識拿出來用，省略掉已經學習過的概念，這樣一來真正要掌握的新知識就少了很多，也就能很快地掌握。

這個過程挺像背英文單字的，一開始單字量少，所以整篇文章幾乎都難以閱讀，等到背的單字越來越多，文章就越讀越順，之後新文章也只要查幾個生字就可以整篇閱讀完。只是在旁人看來，他們並沒有看到前期認真學習的過程，因為這都是在對方腦中發生的事，他們只看到結果，也就是「學什麼都很快」的樣子，才會有這樣的認知偏差。而時間就在這種人身上產生極大的價值，持續的學習就好像每天都在升級自己的系統，最終他們具備了處理複雜問題的能力，也就能夠產生極大價值，對他們而言人生大部分的問題都能輕易解決，即便當下沒辦法立即處理，也能透過學習來解決。對持續成長的人來說，問題終究會被成長後的自己跨越，人生就會進入一種隨心所欲的境界，只要想做的事就做得到，只要給予時間學習就好。對於擅長學習的人而言，時間就是最棒的朋友。

也有一種人，他們的時間多到能拿來「殺」，整天找一些能夠殺時間的消遣，沒事就喜歡嚷嚷：「好無聊啊！好閒啊！不知道能幹啥啊！」甚至自己的時間殺不夠，還想殺別人的時間，嚷嚷著：「大家沒事要不要來打幾圈麻將呢？沒事要不要一起玩遊戲？好無聊要不要陪我聊聊天？」這種人是很危險的，時間對他們來說價值低到只能拿來打發用，浪費自己的時間不夠，還想連別人的時間也一起浪費，如果用未來的角度來看，害別人浪費的這些時間，肯定都是賠不起的天價！

還有種人也是時間殺手，就是愛遲到的人，他們總以為遲到似乎沒什麼，不就等個幾分鐘幾十分鐘嗎？從來沒反省過，會這樣想根本是因為他們自己的時間價值不高，假如等你的人一分鐘幾十萬上下，你知道自己浪費了對方多少產值嗎？我們要明白，對方一定有比「等你」更重要的事情要做，所以準時是對彼此時間的最基本尊重。

人生最可怕的事情莫過於，時間雖然在過，除了年齡增長外，其它什麼也沒增長。

9 別把珍惜健康當作無所事事的藉口

健康是最重要的資本沒錯，但不代表能夠作為無所事事的藉口。我聽過二、三十歲的人將「害怕過勞」當作逃避工作的理由，其實覺得蠻納悶的，真的這麼容易過勞嗎？於是乎我上網查了一下過勞症的定義，發現有分「慢性疲勞」與「過勞」：

慢性疲勞症候群在目前為止仍無任何化驗可作為診斷。在傳統中醫學把有關病徵歸類為「虛勞」；在西醫學，它的診斷是根據美國疾病控制與預防中心之定義，患者須全部符合下列兩項：

(1)超過六個月以上，持續或反覆出現無法解釋的嚴重疲勞，而且疲勞並非因過度勞動所致。病況無法透過休息得到改善，導致活動水準明顯下降。

(2)下列四項或以上之情況（必須在有疲勞症狀的期間同時發生）

- 記憶力或注意力缺損

●勞動後極度疲憊
●睡眠仍無法改善疲勞
●肌肉痠痛
●非發炎性之多發關節痛
●與以往不同型態或嚴重度之頭痛
●重複發生的喉嚨痛
●頸部或腋下淋巴結腫痛

而過勞引起之主要疾病在醫學上統稱「職業引起急性循環系統疾病」，主要視突發死亡與加班時數的關係。直接死亡原因多為腦溢血、腦血栓、腦梗塞、心臟病猝死、心肌梗塞、心肌衰竭。死亡前仍不斷工作。下列四項符合一項即可診斷：

(1)死亡之前二十四小時仍繼續不斷工作。
(2)死亡前一周每天工作超過十六小時以上。
(3)發病當日前一個月，其加班時間超過一百小時。
(4)發病日前推二至六個月，每月加班累計超過八十小時者。

而我回想起那些跟我說害怕「過勞」的人，如果照以上的定義，他們甚至連「慢性疲勞」都算不上，那又何必害怕過勞呢？不要過度操勞是很重要的健康管理，但我們也明確知道「工作」就是換取「成果」必要的付出，工作量不會因為我們多休息一些就自動消失，更明智的作法就是盡可能在自己能夠負擔的範圍內，趕快把工作做完。如果可以的話就「今日事，今日畢」，今天能完成的任務就不要拖到明天，這樣才能讓自己的產能有足夠效率，也才不會堆積過多工作給自己，反而讓之後的自己有做不完的工作。

我認為很多人只是舉著「身心健康」的大旗讓自己逃避應該做的工作，他們想說服自己為了「健康」所以不要勉強做太多工作，工作只要剛剛好就好，剩下的時間應該要休閒娛樂來平衡身心。但真要說實話，仔細思考就會發現這肯定大部分是假話，假如都沒達到「慢性疲勞的標準」就在逃避工作，那到底是因為不願意捨棄「健康」，還是不願意捨棄「休閒娛樂」呢？我想應該是後者居多吧！大部分人其實不是沒有上進心，因為你問他們是否覺得學習很重要，幾乎都會得到正面答案，真正擋住他們的其實是「困難」跟「輕鬆」的掙扎，「輕鬆」過日子是人的本能，因為不需要付出額外成本也能過日子，但問題是這樣的生活難以獲得飛躍式提升，若我們要的是飛躍式的提升，勢必得做些困難的事情。以健身來說，如果只是想流流汗，確實輕鬆的慢跑就能做到了，但如果要求健美的體態，那勢必得做一些相對困難的重量訓練才能達到。說老實話，我每次去健身房，做重量訓練時真的挺累的，做沒幾組訓練都想說今天就這樣回家吧，這時候牆上有一句話特別激勵我，寫著：「No pain no gain.」，不斷提醒我「一分耕耘，一分收穫」，所以我就跟自己精神喊話，好吧就再做一組訓練，然後一直重複幾次循環，最後就多做了好幾組才回家。延伸到工作也是一樣的概念，因為創業的關係，經常我都能把行事曆給排滿，最長曾經連續三個月沒休過假，有個朋友說我真有耐心，創業這麼辛苦都能撐得下去，像他就沒辦法這樣撐，還是乖乖上班就好。我跟他說，你才有耐心吧！短期內看起來我是比較累沒錯，但隨著公司業績上升，團隊擴編後，我會越來越輕鬆，而你上班看起來輕鬆，卻可能要累幾十年，你才比較有耐心。

我們的青春很有限，不要在年輕的時候選擇安逸，否則老的時候都要來還債，趁年輕就做一些只有年輕時能負荷的事情，給自己多一點嘗試，多一點挑戰，有時候不逼自己一把，真的不會發現自己到底能夠多麼優秀，潛力是逼出來的，我們絕對比自己想像得更加強大。未來回想起來，你一定會感謝曾經努力的自己。

教大家玩個遊戲，找個地方靜下來，想像自己已經八十歲，當時的你會有什麼話想跟現在的自己說？你會給自己什麼建議？會鼓勵自己做些什麼？

這就是「以終為始」的思考模式，從未來的自己看現在會更加清晰，每個人都想對得起自己的人生，那就好好照著自己給的這些建議去執行吧，人生到最後通常不會對「做了什麼」感到遺憾，但會對「沒做什麼」感到遺憾，因為做過的你已經盡力了，但沒做過的你也沒機會彌補了。

別把二十歲的青春活成八十歲的樣子，否則要青春幹嘛？

全力以赴的代價很大，但沒有全力以赴的代價更大。

10 最重要的資產是自己

如果告訴你，有種資產成長潛力無限大，成本卻低得不可思議，並且能持有一輩子，你心不心動？如果心動的話，偷偷告訴你一個祕密，你早就擁有了，這個資產就是——你自己。

大部分人以為最有價值的資產都是用錢堆砌出來的，這是本末倒置了！這個章節講了十個主題都是資產，但沒有一樣是花錢買的，這些資產都是來自「自己」，我們必須明白，無論最後累積了多少財富，這些錢都是透過「自己」賺來的，所以真正重要的資產應該是「自己」。

我看過一件很有趣的事，有一次走在路上，我面前有一個打扮時髦的女孩，拿著一款亮眼的名牌包，當時原本是晴天，但突然就下起雨來了，而這女孩不是將名牌包拿來遮雨，反而將她的名牌包藏進兜裡，寧願讓自己淋雨也不讓名牌包淋雨，因此淋成了落湯雞。這個畫面令我沉思很久，我很好奇，在她替自己的名牌包擋雨的時候，是覺得自己的價值不如買來的名牌包嗎？這也太弔詭了吧？跟自己比起來難道一個名牌包更重要嗎？何況還賭上禿頭的可能性？要是我肯定拿起來就擋，包壞了可以再買，頭禿了可買不了。

如果連自己都不認同自己的價值，很容易就會淪為金錢的奴隸，不惜犧牲自己去換取金錢，委屈自己做不喜歡的事。只為了賺錢，這樣的人生會快樂嗎？沒有辦法意識到自身價值的人，是很難真正滿足的，因為這種人的價值都要透過外界評價來衡量，他們認為價值來自於外在因素，譬如：金錢、房子、車子、長相、身材、他人的讚許、粉絲數等等，當用這些東西當作價值標準時，欲望就是無止盡的，因為這些東西的價值來自於「比較」，誰比誰錢多，誰比誰漂亮，誰比誰車子更好，誰比誰包包更貴，但人外有人，天外有天，永遠都會遇到更厲害的人、事、物，怎麼比得完呢？

事實上應該把焦點放在自己身上，唯一需要比較的對象只有自己。每天有比昨天更進步一點嗎？身邊的人際關係有變得比以前更好嗎？技能有越來越多嗎？身體有越來越健康嗎？當我們專注在自己的價值上，就會發現快樂很多，因為我們只要能比昨天的自己更好，那就會感到很滿足了，把自己當作最重要的資產看待，看著資產持續成長，不就是最快樂的事嗎？

當我們領悟到自身價值，就會明白自己就像一間公司擁有產能，而無論賺來的錢或是花錢買到的資產都只是我們自身價值的產物，真正重要的應該還是我們自己的產能，只要提高產能就能賺到更多的錢，買更多的資產。重點還是如何提高自己的產能才對，那不外乎就是對自己進行「投資」，而對於自己最棒的投資就是「學習」，沒有比學習還要更低成本，收益卻能無限大的選擇了。而且對於自己這間公司來說，學習的成效清晰可見，當產能提升就能賺更多的錢，這是一定的，更重要的是你還能降低營運成本。

有一堆人的「個人公司」都是負債經營的，他們的產能一直都是低於營運成本的。所謂的營運成本就是那些所謂的「煩惱」，煩惱來自於各式各樣的問題，但問題的根本在於「想不開」，我們肯定遇過一種人，他們只要失戀就影響到自己的工作，甚至會做出不理智的行為，譬如暴飲暴食、借酒澆愁、大量消費等，還有一種人是投資虧錢，於是乎遷怒政府、資本家、金融機構、股市、家人、朋友……這些人都是典型的負債經營的公司，這些煩惱其實只要學習後就能「想得開」了，但他們卻因為不願意對自己進行投資，而導致自己這間公司一直負債經營，直到破產為止可能還「想不開」到底為什麼會破產。

現在能閱讀到這的你可不一樣，因為你正在投資「自己」這間公司，隨著你對自己的投資越多，公司的產能一定會越來越高，而且因為「想得開」的事情越來越多了，所以營運成本越來越低，最後的結果肯定就是利潤提升！

以往大家都在追求「錢多、事少、離家近」的工作，只要像現在這樣閱讀，就等於做著這份工作了你知道嗎？因為只要能學到有用的東西，賺的錢就多了，要煩惱的事就少了，而且在家就能做，這麼好的工作還不天天做？

最重要的資產就是自己，這恰好就是我們能持有一輩子，具備最低成本，卻能夠有著無限產出的資產。投資自己，穩賺不賠！

V

財富是累積的結果

1 人生過不好的人，通常也沒錢

有個理論叫作「短板理論」，講述的是一個盛水的木桶是由很多塊木板組合成的，盛水量也是由這些木板的長短決定，若其中有一塊木板為短板，則盛水量就會被這塊短板所限制，這塊短板就是木桶的「限制因素」，而木桶盛水量多寡正取決於那塊「最短的板」。

個人財富乍看只是資產累積的結果，其實容易受到人生其他面向的影響，我們很難將財富從人生獨立出來運作。我諮詢過的一些案例，表面上看到的只是「沒錢」，但深入了解「沒錢的原因」才發現是人生某部分出了問題，才導致沒錢的結果。

舉幾個例子就知道是怎麼回事了。我有朋友崇尚「男人替女人買單」的行為，他認為交往的對象出門在外一切開銷都應由男方買單，這無關乎女方有無收入又或者收入多寡皆是如此。我覺得這樣的行為本身沒有對錯之分，純粹是個人價值觀不同，只是對於結果會造成什麼影響呢？結果就是因為這樣的行為，所以他吸引到的對象都蠻會花錢的，出去都習慣吃好用好，導致男方開銷大增，交往幾任下來都沒能存到什麼錢。存到比較多錢的狀況幾乎都是單身的時候，因為沒人幫他花錢。以這個朋友的狀態看下來，其實他個人財務沒什麼問題，平時也挺節省的，都能存下不少錢，但沒遇到一個好對象懂得珍惜，通通幫他花光了，他的短板很明顯就是需要練就一雙「火眼金睛」，別挑錯人交往，否則就是得把「男人必須買單」的行為改掉吧！

也有遇過一個朋友，明明工作能力不錯，收入狀況也很好，但是錢都留不住，一問之下才知道，原來是家裡總會跟他拿錢，而家人拿錢的原因是「家裡開銷太大」，問得更詳細點才發現家人會借錢賭博，導致有債務要還。這樣永遠還不完的債，讓他的財務狀況一直沒辦法好轉，所以他的財務其實沒紕漏之處，因為問題不在他，他的短板就是要解決「家裡的賭博行為問題」，解決不了的話就是要設停損點，不能讓自己無限制的背上別人的賭債，否則賠上了家裡人的人生還不夠，連自己的人生也搭進去了。

另外還有常見的情緒控管案例，只要遭遇挫折，情緒一失控就想花錢，藉此來平復自己的身心狀態。我聽過因為失戀一個晚上花掉二十萬花天酒地的案例，而二十萬是這個人一整年的儲蓄額，真所謂一擲千金，只為當一回皇帝。這類人的短板明顯就是「情緒控管」，只要能夠控制好情緒，也許就不會再衝動胡亂消費了。

還有人因為想要獲得別人稱讚，所以把賺來的錢都拿去買各類名牌，讓自己看起來光鮮亮麗，藉此引起別人注目。這類人的短板就是「自我認同」，要學著肯定自己，才不會讓自己的價值只能透過「物質」來堆疊。

以上都是我自己遇過的案例，諮詢過程很有趣，因為大部分的人其實沒有意識到自己真正的短板在哪裡，他們都以為自己沒錢是因為不懂得投資理財，卻不知道原來沒錢只是一個表象。真正的問題藏在生活周遭裡，卻想著只要學好投資理財就能有錢了，怎麼可能？「短板」還是在啊！想讓財務好轉就必須先讓原本出問題的生活區塊好轉。

訓練自己看到問題的本質很重要，很多事情都是「蝴蝶效應」，牽一髮而動全身，在檢視自己的財務之前，我很建議大家記帳，為什麼記帳會很有幫助？因為我們能夠藉由記帳這個行為清楚知道自己的金錢流向為何，然後去檢視「必要」與「不必要」的花費，更重要的是知道自己有沒有意外支出，有可能就能因此找到自己的短板，面對短板時不要覺得羞愧或者想逃避，每個人都有屬於自己的弱點，弱點並不可怕，可怕的是你一直讓弱點存在，讓它一直影響你。讓自己的人生各個面向全方位的提升，才是真正的提升，否則留著明顯的弱點存在，即便我們其它方面極度優異，都還是有可能被這個弱點所拖累，導致原地踏步。

人沒辦法繞過自己的缺點而成功，你要做的就是：發現、面對、克服，讓缺點的影響降到最低甚至完全不見。

2 累積的過程一定會犯錯，重點是學會從錯誤中成長

初步嘗試新事物，幾乎都要經歷一段陣痛期，第一次嘛，沒有經驗可循，犯錯是很正常的，重點是犯錯之後的回應是什麼？有些人覺得犯錯是件羞恥的事，所以盡量讓自己沒有犯錯的機會，怎麼樣能不犯錯呢？就是不去嘗試「新事物」，守在自己熟悉的領域內，但這樣反而很容易侷限自己。

記得我一開始跟家人說要開始投資理財時，得到的回應是：「投資很危險」，我當時很納悶，因為我看到的有錢人都有投資理財啊，如果這件事很危險，那為什麼他們都要做？後來我才知道，家人會這麼說是因為他們過往的投資經歷都不順遂，不管投資股票、房地產、基金等都是賠錢收場，所以他們透過自身經驗才總結出這個結論，並且在吃過虧後就再也沒有嘗試投資了，所以經驗也就停留在「賠錢」這個結論上，沒有更新過了，也因此我家人幾乎都沒有被動收入。對當時的我而言只有一個想法：如果因為害怕就不去嘗試投資理財，那我可能就要體會被迫「一路工作到老」

的人生。這比投資賠錢更讓我害怕，還好我當時就懂得「兩害相權取其輕」的道理，也就沒聽家裡人建議，旋即開啟了我的投資理財之路。也還好開啟了這條路，才有機會寫這本書跟大家分享。

如果想要拓展人生，本來就應該要挑戰新事物，一次不行就兩次，兩次不行就三次，直到學會為止不是嗎？小時候學走路哪有人一次成功的，中間摔個鼻青臉腫又怎麼了，過程中會痛會受傷都是正常的，隨著每次進步一些，摔著摔著也就學會走路了呀！所以學東西就該「不怕痛」，讓經驗成為墊腳石，修正修正就會了。最可惜的就是中途因為怕痛就放棄了，除了浪費過往投入的精神外，更可怕的是讓記憶停留在失敗上，因此得出謬論。如果你想做的事情在世界上確實有人成功過，而且並非少數，那就要知道這件事本質上是可行的，只是也許自身條件還不滿足而暫時不可行而已，那唯一要做的就是讓自己學習到具備成功的條件，千萬不能因為自身失敗就否定它的成功案例，否則就變成一種自我安慰。

自我安慰只會讓你心情上舒服一點，但對於人生進展是沒有幫助的。就像有人會說投資很危險，但換個角度看，不投資就不危險嗎？比起錢被通膨吃掉又或者創造不出被動收入，也許嘗試投資的風險真的沒這麼大，可能起步的經驗不一定那麼好，但能夠從錯誤中學習，持續修正，也是會越做越好的。

說件趣事，因為孩子剛出生，我在幫小孩包尿布的過程中，一開始也是挫折連連，經常沒把尿布包好，導致孩子炸得我一身屎，但還好我沒有放棄，從來不覺得「自己可能不是包尿布的人才」，反而嘗試好幾款尿布，練習幾種不同的包尿布細節，終於讓我找到不會炸屎的方法，只要有心，人人都可以是包尿布達人呢！

學東西的過程大抵上都是這樣：一、嘗試學習，二、挫折，三、修正後再嘗試，四、掌握知識。越難的知識，會重複越多次二跟三的步驟，這是正常的，知識越難也代表掌握之後越有價值。本來就不是每件事都能夠速成，所謂的「大師」說穿了只是累積失敗的經驗比較多，所以修正到趨近於完美而已。但不要搞錯重點喔！不是失敗後馬上再試，而是失敗後，思考如何優化後再嘗試，單純重複嘗試的意義不大，用錯誤的方法期待得到正確的答案，本身邏輯就不太對。就像在湯裡加鹽巴即便試了一百次也不會變甜湯，除非你每個步驟都試過味道，發現原來把鹽誤會成糖，才會知道原來問題在哪。這也能解釋為什麼有些人煮菜煮了一輩子幾乎都沒什麼進步，因為煮的過程中基本上都不試味道，不知道自己錯在哪，那又該怎麼改進呢？

犯錯不可怕，可怕的是我們相信自己只會犯錯。

光是重複做，不會成功，重複修正地做才會成功。

3 決定的速度要快，機會不等人

我遇過有些人來諮詢，諮詢完都信心滿滿的要開始投資理財之路，過了半年後我問他們開始了沒，給的回應都是：這半年工作太忙啦、這半年諸事不順啦、這半年還在準備啦，結論都是「還沒開始」。可能光這半年的行情就能賺不少錢了，卻硬生生錯過，甚至有的人這半年連一毛錢也沒存下來，導致財富依然沒什麼成長，只能說很多人都會因為「拖延症」而錯過很多機會。

有些人你把資訊跟他們分享，甚至毫無藏私地跟他們說成功的祕訣，他們還會懷疑到底是不是真的？然後躊躇不前，又過了幾年等商機都過了，才來問說能不能現在投入？答案當然是：不能啊！

我一開始學習投資房地產時，去上了好多老師的課，也認識不少同學，過程中找了幾個同學開始合資一起投資，當時很多同學有興趣但都沒有參與，後來看到我們把案子結掉後的利潤，才跑來問說能不能加入？我很詫異地看著對方，都結案了當然不能加入呀！而且日後的投資，基本上也都是找幾個前面配合有默契的同學一起操作，所以這些一開始沒合作的同學也都不在考慮範圍了。在商場上，幾乎只有初期起步時才可能挑選較無經驗的合作對象，畢竟大家都不熟悉，很願意給彼此嘗試的空間，但越到後期成熟時，對合作對象的要求一定會越來越嚴格，因為大家都有經驗了，對需求要求更加精準，也比較不能接受失誤。

很多機會都是如此，早期若沒有加入，後期就更沒有機會了。譬如買股票好了，很多人總是在等股價跌到歷史低點才要買，問題是有些公司持續成長，對這種成長型公司來說，現在的股價可能就是明年的低點，等一輩子都未必等得到過去的歷史低點，難道就一輩子都不投資了嗎？

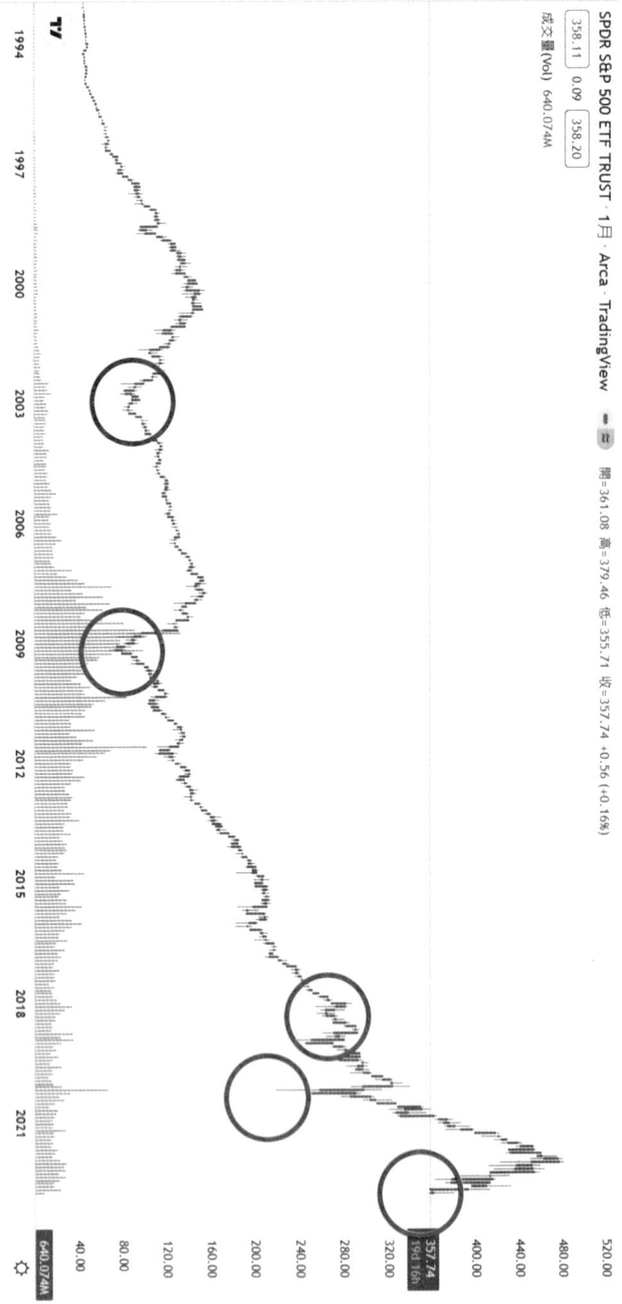
SPDR S&P 500 ETF TRUST · 1月 · Arca · TradingView
358.11 0.09 358.20
成交量(Vol) 640.074M
開=361.08 高=379.46 低=355.71 收=357.74 +0.56 (+0.16%)
1994
1997
2000
2003
2006
2009
2012
2015
2018
2021
520.00
480.00
440.00
400.00
357.74
320.00
280.00
240.00
200.00
160.00
120.00
80.00
40.00
640.074M

見上圖，以美股ETF來說，從一九九四年到二〇二二年中，這二十八年幾乎都是持續往上，如果用一九九四年的低點來看，這二十八年來根本就找不到入場機會了。而如果要等二〇〇八～二〇〇九年的金融海嘯低點，這十三年來也沒有任何進場機會，所以想等低點，這是不切實際的，機會可不見得想等就等得到。

還有很多機會都是這樣，譬如過去網路時代造就的尖牙股Facebook（現已更名Meta）、Amazon、Netflix、Google、Apple，還有現在的區塊鏈，譬如比特幣、以太坊等。

馬雲說過幾句話我覺得挺有道理的：「窮人是最難伺候的人，因為那些始終無法擺脫貧窮的人，大多有著固執的窮人思維。」即便給出再好的建議，再好的創業計畫，再好的投資機會，這些人都會給出五花八門的藉口，最終錯過這些機會。

想做就去做，真的不要給自己這麼多藉口，當你的藉口越完美，你就越不會行動。

網路上流傳一段話挺有意思：
免費的，說是騙人的
投資小，說賺不到錢
投資大，又說沒錢投
新行業，又說不會
老行業，又說難做
好的模式，說不相信，騙人
守店，說不自由
做業務，又說沒能力
總愛問網路，習慣聽朋友，想的比教授多，做的比文盲少……
請你告訴我，你能做什麼？

很推薦大家去看一部電影《沒問題先生》（Yes Man），雖然是部喜劇，但能充分體會到對人生的很多事情說 Yes 絕對會造成很大的改變，一句 Yes 就可能讓你認識原本不認識的人，掌握新的機會，過上新的生活。裡面有句經典台詞：「世界是一座遊樂園，小時候大家都知道，但長大後大家就忘記了。」讓自己習慣了解這個世界的各種面貌，勇於打開自己的心去接受新事物，能幫助你更好的體驗這世界。

當然，所有事情都要量力而為，說 Yes 不是代表凡事都要答應，而是能夠打從心底給自己更多機會探索，有機會體驗過往沒體驗過的人事物，好好把握身邊出現的所有機會與可能性，雖然過程中不能保證所有體驗都是愉快的，但人生就像拿了一張迪士尼門票，在離開時你不會後悔哪個設施曾經嚇哭你，但會遺憾只是站著看人玩，既然都來了，就好好玩個過癮吧！

多少人都輸在「等」這個字？如果只是等，等到的只會是「你老了」。

人生可沒有等出來的輝煌，只有走出來的精彩。

4 主動舉手的人，累積的更多

願意主動承擔更多責任的人，通常都會更容易被看見，也會擁有更多機會。

記得唸書的時候，每個學期都要選幹部，當老師問，有沒有人自願當某某股長，通常都沒人主動舉手，最後只好由老師指派或者投票決定。奇妙的是，往往學期末這些當幹部的同學在老師的評價中都特別好，甚至因此得到不少印象分數，有好事都會第一時間讓幹部承接，待遇可是比其他同學好很多呢！

出社會後也是如此，當工作單位上的主管問，誰願意自願當某某職位時，只要挺身站出來，通常主管對你的印象分數會加上不少分，如果在職位上能夠勝任，那接下來可能就會有更好的安排降臨到你身上，因為對主管而言，比起未經訓練的其他人，已經能夠勝任職位的你更加可靠。

人的本能是會想逃避麻煩事，因為承擔更多責任相對也造成更多不確定性，所以很少會有人主動想去承擔更多責任。但換個角度想，當上位者需要幫忙而徵求自願者時，這不就是一個很棒的表現機會嗎？藉由承擔更多責任來磨練自己，並且更容易被上位者看見，對未來發展可以說沒什麼壞處。當然承擔更多確實會累一點，但比起被忽略，能被人看見的努力也許更值得一些。仔細思考一下，在職場中，到底是存在感低的人比較容易升遷，還是存在感高的人呢？

很多技能是不主動承擔就學不到的，譬如有些人對於升主管會有抗拒，覺得工作量增加，要管的人變多，責任也增加，但如果我們的目標本身就是想往高層爬，那當主管就是必經的過程，現在不承擔，未來也是要承擔的，趁著有人給機會，趕緊就做了吧，否則當一輩子的職員也是學不會如何管理一間公司的。如果目標是宏大的，那就該知道在完成這目標之前每一個機會都是必經的墊腳石，你遲早都要踏上去，就別逃避了，越是逃避只會離你的目標越來越遠而已。不要想一步登天，社會會按照你的能力給予適當的評價與位置，只要願意承擔更多並且認真磨練自己，自然會往上爬。能力跟收入最終一定會取得合理的平衡，千萬不要投機取巧亂舉手，市場上有些人喜歡吹捧自己，藉此抬高身價，即便一開始能夠騙過對方，經過時間的證明後，仍舊會被打回原形。大家都是有眼睛看的，能力是騙不來的，只有紮實的累積才是真功夫。

有句話叫作「越努力，越幸運」，其實就是因為主動舉手的次數多了，自然而然機會容易降臨。我在投資房地產的過程中，前期非常主動尋找案件，一天可以看十幾間房，跑十幾間仲介店拜訪，起初確實沒有因此得到什麼好機會，但當我連續跑了一個月後，就開始陸陸續續有好機會上門了，撿到好幾件極好的投資標的，當下我確實覺得自己很幸運，但同時我也知道這些幸運來自過往的努力。我很清楚知道，當我還沒有資源的時候，主動積極就是我唯一的優勢，所以想要什麼就自己去爭取。不會的知識就去找書看，上網查，找會的人學。好不容易認識到的人脈，對方只要需要幫忙，我都會第一個舉手，就這樣我漸漸發現自己容易獲得很多機會，因為願意承擔的總是比別人多，學到的東西也最多，無形中就累積得比別人還多很多。

在自己的潛意識裡種下「能主動就不要被動」的行為習慣，對自己的好處真的非常多，因為主動的人才能掌握人生，被動的人只能被掌握。關於銷售這件事，就是個很經典的例子，通常業績不好的業務都比較被動消極，他們做銷售都是想等客人上門，但如果不主動做些什麼，客人又怎麼會上門呢？而業績好的業務都比較主動積極，勤於開發、主動拜訪客戶。如果可以選，我會更想被主動積極的業務服務，因為從行動中就能夠看見熱忱，誰不想被有熱忱的人服務？這就好像追女孩子，有的人明明喜歡卻只敢暗戀，不敢大膽行動也從不告白，就在等女生突然哪天也喜歡自己，怎麼可能？到最後就會發現女孩子都被那些主動積極的男生給追走啦！

主動積極的人才會累積，被動消極的人終被淘汰。

5 行動上，先開槍再瞄準

做事情到底是應該把計畫都想得完美後再行動，還是先行動再說呢？

以務實派而言，後者肯定比較有效率，因為實務上，沒做過的事情怎麼知道過程中會遇到什麼問題？只要不是致命失誤，中途再來解決就好了，想越多反而會阻礙自己行動。

比爾．蓋茲就是靠著不完美的商品致富的，當初 Windows 系統剛出來時，也是有很多要改善的地方，但有產品推出才能搶市占率，才有經費修正。我有印象的是從 Windows95 升級到 98、2000、XP、7、8、10 到現在的 11，以現在的系統來看，肯定會覺得以往的產品落差很大，但進步不就是這麼回事嗎？就像我們看過去的自己，也會覺得以前怎麼犯這麼多蠢事，但也就是因為犯過這些蠢事才讓我們成長到現在的樣子不是嗎？想想如果比爾．蓋茲當初想要的是完美，搞不好連第一款產品都生產不出來，那就沒有今天的微軟了。在商場上，能出貨的人才有未來，出不了貨的都白搭。

很多人希望在人生中找到最完美的那條路，但根本就沒有這條路，大家可能期望的路徑是這樣：

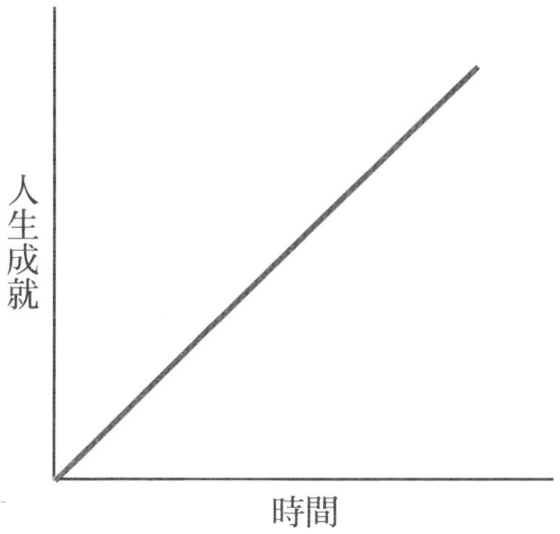

其實大部分的人生路徑卻是這樣：

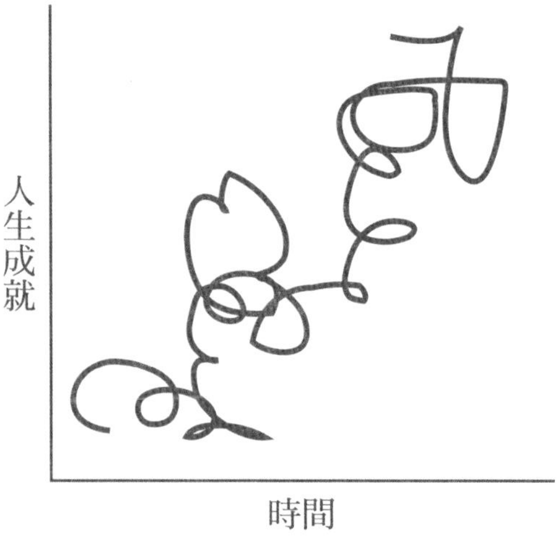

人生旅途沒有一帆風順，都是曲曲折折累積起來的，我們不可能讓自己的人生每一個決策都正確，僅僅能做到的是，當發現決策不正確就慢慢修正到正確為止，反正長期而言只要持續修正正確，那人生成就一定還是往上走的。

所以先行動才是重點，因為沒有行動，連自己要修正什麼都不知道。

我經常看書或上課，所以遇過不少跟我讀過同一本書又或者上過同一堂課的朋友，但是發現這群人很多都沒有學以致用，看完書也沒有把知識應用在生活中，上完課沒有把學到的東西實踐出來，這樣不是很浪費嗎？甚至有的老師會出課後作業，很多同學也寫得敷衍了事，他們沒有意識到，課後作業就是學習後的第一個行動方式，如果能夠獨立把作業做完，至少代表能夠掌握今日所學的基礎概念，才不會白學啊！

我一直都很推崇學習是要「學中做，做中學」，因為一次塞太多知識根本吸收不了，也不可能一次就達到頂峰。每年畢業於企管系的學生數不勝數，真的每個人都有辦法管理一間公司嗎？或者財經書籍這麼多，真的看完的每個人都能夠像作者一般操作嗎？肯定不行嘛！更實際的作法是由淺入深的嘗試，想學好理財，第一步先好好存錢，研究怎麼存錢比較有效率，存到一些錢了開始想研究投資，就先開個證券戶，嘗試買個一兩張股票就知道怎麼操作了，戶頭有股票自然就會關心市場，才能好好體會書上說的盤整、大漲、大跌是怎麼一回事，遇到不同狀況該怎麼應付，不會的知識要去哪邊找答案，累積這些經驗，時間久了自然會成為投資老鳥。創業也是一樣，與其在外頭看老半天不行動，也許嘗試開個網路商店或者擺個地攤，都比自己胡思亂想學得多。反正不要想一開公司就變成財富五百強的大企業，先從小創業來嘗試養活自己甚至養活員工，就是一個大突破了。

再周詳的計畫都可能會出錯，只有行動才是真理，人通常都是「贏在行動，輸在猶豫」。當過兵的都知道，打靶的時候，就算你瞄得再久，第一發還是可能打不到靶心，這時候把第一發當作經驗，看看偏離多少，調整後第二發就有很大機率打得到靶心了。這就是善用過去經驗修正的好處，反正第一次做不好，就做第二次，第二次做不好就做第三次、第四次、第五次……直到做到好為止。

我超愛周星馳這個演員，可以說童年就是看他的電影長大的，但其實他也不是一開始就演主角的，他在走紅前演了將近十年的跑龍套（電影配角），幾乎只要有角色他就演，對演藝事業的熱愛讓他始終沒有放棄，工作之餘也積極學習演技，即便演配角都鑽研得很認真，漸漸演技被觀眾看見後甚至得獎，等到演主角的機會出現，把握住才爆紅，開始接二連三的演各類電影主角，到現在成為導演。這些經歷都源自於一開始的行動，即便不完美，但憑著他對演藝事業的熱情與努力，抓住每一個機會，也才奠定了「星爺」的地位。他拍的一部《喜劇之王》演的就是當年自己在跑龍套的經歷。

所以無論想做什麼，只要能更接近目標就該行動，邊行動邊修正就會越來越接近一開始的目標。

你跟夢想之間的距離僅靠思考是無法縮短的，靠行動才能縮短。

有想法就「Just do it.」，剩下的船到橋頭自然直！

6 盡可能累積資產，而非負債

資產跟負債的差別在於：資產是把錢放進你口袋的東西，而負債是讓你把錢從口袋拿出來的東西。

既然我們勢必要花錢，就要知道累積過程有個很重要的關鍵，就是「花錢方式」的差異，一般人喜歡買負債，富人喜歡買資產。

剛畢業時，身邊有些朋友出社會沒多久就貸款買了自己的車，然而每個月繳完貸款後，薪水也所剩無幾，所以一直沒能好好投資理財，每次跟他們聊到財務話題時，結論都是：「等我車貸還完就有錢開始規劃了」，聽到這邊我都會有點疑惑，所以對他們而言，車比未來還重要嗎？確實剛出社會，有台車出門很方便，能遮風避雨，約會也有面子，但這些真的值得耗上大部分的存款嗎？

我另外一些朋友也蠻特別的，出社會後幾乎都把錢拿去投資理財，大部分不太買車，反而喜歡搭計程車出門，當我問他們怎麼不會想買車呢？他們的回答是，住在市區挺方便的，到哪都有捷運跟公車，不行的話搭計程車也沒多少錢，養車的費用省下來都可以多買幾張股票了，領的股息付交通費就不用自己掏錢啦！更棒的是，等於出門都有司機載還不用付薪水，停車也不用找車位，挺好的。這群朋友大部分經濟狀況都還不錯。

這實在是很有趣，前者努力工作負擔車子，後者用資產支付車資，以結果而言，其實他們都享受到車子帶來的便利，但因為消費方式不一樣，導致出現不同的結果，前者被負債給拖累，後者讓資產支付帳單。

我們要意識到，雖然花錢都是必然的，但花錢方式卻能決定未來的走向，富人當然也會買負債，但通常都是建立於用資產支付的前提下才購買，這樣就能「無痛消費」。假如還沒辦法做到完全用資產收入支付，至少也要做到「微痛消費」，也就是讓消費金額佔收入比例極低，不至於影響自己的規劃。但同樣要買東西，他們更喜歡買資產，因為只要擁有越多資產就能進行更多「無痛消費」，為什麼很多有錢人花錢的時候很大方？因為帳單也許是「別人付的」，而一般人消費的時候反而很拘束，因為帳單都是「自己付的」。

我還觀察到很有趣的現象，那些看起來生活品質不錯，經常消費各式名牌的人，一般來說資產都不多，反而是那些生活簡樸的人，有些資產多到讓人驚訝。想想也是，如果錢都拿去買負債，又哪裡有資金能夠買資產呢？

真正的有錢，我認為是透過資產的累積能夠擁有更多選擇權，並非是靠穿什麼行頭、開什麼車、吃什麼餐廳來衡量，人生到最後能夠買回自由的只有資產，而負債只會讓人更加不自由而已。想像一下，如果要選對象結婚，到底是負債多的吸引人，還是資產多的吸引人？講白一點，你開再好的車載對方出去玩，都不如你每個月拿錢回家貼補家用來得實際。小孩是吃奶粉長大的，吃帳單會餓死。

好好釐清自己平時到底都在買資產還是負債，真的有很想買的東西，就把預算列下來，然後開始規劃，到底要買多少資產才能用獲利來支付這筆負債？只要能持續制定這樣的計畫，總有一天你所有想買的東西將不需要由自己支付。

我很喜歡喬・吉拉德說過一句話：「總有人要為我今天的起床付出代價」，這句話讓他每天都有能量工作，相信一定會有人為他的努力買單。而這樣的精神用在財務上也可以是：「總有人要為我今天的消費付出代價」，想辦法創造資產來支付這筆帳單，不要從口袋掏錢出來，從新賺的錢來支付！不管是投資理財也好，投資自己的知識技術也行，反正就是想辦法賺錢來支付新的消費！盡可能地不要使用負債的方式去支付，才會開啟自己的「富腦袋」。人的潛能就是這樣逼出來的，把負思維拋掉，才能開始累積資產。

累積資產的人越消費越愉快，累積負債的人越消費越痛苦。

7 學會斷捨離，才會越走越輕快

人生在累積的過程中總會帶上許多包袱，但別因為包袱而拖累腳步，畢竟有捨才有得。

當居家生活雜亂，把不用的東西處理掉，只留下重要的、有價值的東西，稱為「斷捨離」，這樣做能夠重新把家裡空間清出來，讓家裡回歸簡單整潔。這套方式除了居家整理，也同樣適用於人生其他面向。

有些包袱有時候是不小心帶上的，就像是買東西時，很多店家會提供集點卡，通常都是只要累積消費達到多少元就可以兌換贈品，然後就有很多人為了換到贈品特地去累積消費，明明沒有打算花這麼多錢卻因為贈品而消費了，這就是一個警訊，當你開始集點，就要知道自己的理智已經被綁架了。假如沒有集點，說不定根本就不用花這麼多錢買東西，只要買自己「需要」的就好，店家巧妙利用人們「想要」贈品的心理，刺激大家買自己「不需要」的東西，這樣真的有幫助嗎？花掉的錢通常遠大於贈品的價值，真的有划算嗎？通常我都不會留下這些集點卡，我希望自己的消費行為純粹出於自己的需求，而非被行銷手法給控制，少掉了這些干擾，消費起來心情才是輕鬆自在的。

好好檢視自己有沒有因為會員卡、集點卡、儲值等行銷方式控制，如果有的話，建議改掉這些習慣，因為這些看似幫你省錢的習慣，反而會讓你花更多錢，斷捨離這些東西，就能更好地回歸自己的需求面。

人際關係的整理也很重要，隨著成長，社交圈會不斷擴大，但不見得每一種關係都能讓人輕鬆自在。有的朋友很擅長情緒勒索，也許你正為了目標衝刺時，他電話一來就希望你陪他消遣消遣，不陪他就說你變了，然後說些友情比不上金錢之類的鬼話，為了不讓對方真的有這些想法，好像也只能赴約了。接著要承擔的就是工作做不完，進度落後，成果不如預期等狀態，仔細想想，當初若是拒絕赴約就不會發生這些事了對吧？

對於會情緒勒索的人來說，他們不懂得如何尊重他人，所以即便知道對方有難處，還是想勉強對方來達到自己的意圖，他們認為自身的順序是比別人更重要的。但事實上，這就是自私的表現，沒有人應該認為自己的順序永遠比別人優先，只有一種狀況例外，就是被要求的人「默許」。一個巴掌拍不響，如果你真的覺得自己有更重要的事情要做，就不該默許情緒勒索發生在你身上，這些人能夠勒索的也只有「自願」被勒索的人。不要覺得拒絕他們是自私的，因為當他們勒索你的時候就已經更加自私。

尊重別人是人際關係相處的基石，但想得到別人的尊重，就得先學會尊重自己，而尊重自己的第一步就是捨棄「無法互相尊重」的人際關係。成熟的人要懂得在不打擾別人的情況下進行交集，每個人都是自己人生的主角，不要擅自進入別人的世界內喧賓奪主，逾矩的人最後一定吃虧，因為別人的世界從來都不該是你做主，只要對方想把主角搶回來，那都是一個念頭就能做到的事。

懂得尊重自己，留下能夠互相尊重的人際關係，才能專注在自己想做的事情上，不被關係給拖累，自然越走越輕快。

最重要的斷捨離是不被自己給拖累。很多人在意沉默成本，就像一份工作做了很久，即便沒這麼喜歡，但也不想放棄過往投入的時間價值，所以始終沒有嘗試找尋自己真正喜歡的工作。一段感情交往多年，即便覺得不太適合，但也不想浪費過去投入的精神，也就這麼耗著，始終沒能提出分手。也有買了股票，自從下跌被套牢後，即便沒什麼希望依然緊緊不放想等解套。

明明知道找到喜歡的工作就會更有前途，明明知道找到更好的對象交往就會更幸福，明明知道轉換到更好的股票才有希望賺回來，卻因為過去的枷鎖讓自己停下腳步，被自己給拖累了。當魚與熊掌不可兼得，總得做出取捨，當人在猶豫該怎麼取捨的時候，好好想想，捨是為了得到更多，一旦最初的猶豫出來時，其實我們就知道自己想要什麼了，需要的僅僅是捨棄的勇氣而已。

別被外物給拖累，也別被他人給拖累，更重要的是別被自己拖累。

懂得取捨的人，只是比較有勇氣追尋自我而已。

8 財富自由只是里程碑，而非終點

追求財富自由是第一階段目標，但不會是最終目標，因為錢只是買回自由的手段，而自由之後要做什麼才是真正重要的。

遇過一些年紀較長的朋友，在五、六十歲退休後，反而不知道自己的重心為何。退休前，他們很清楚自己要為了財富自由打拚，目標非常明確，有衝勁有熱情，但退休後反而就像洩了氣的氣球一樣，感受不到過往的衝勁與熱情了。為什麼會有這種反差？其實是因為沒有準備好「第二階段目標」。

這種狀態很像是唸大學時，一開始大家都以畢業為目標，所以拚命修學分、寫報告、考試，但等到畢業後反而開始慌了，發現自己還沒想好到底要做什麼工作。其實我們都知道畢業也只是一個過程，真正重要的還是畢業後從事的工作，只是可能不小心就沉浸在追求「畢業」上，而忽略了後面的鋪陳。

如果賺錢是你的興趣，那麼持續追求財富當然也能是目標。但如果賺錢不是興趣的話，當掌握的財富遠大於自己的花費時，對於財富增長的滿足感有可能漸漸下降。譬如每個月你最滿意的生活開銷是十萬元，一開始被動收入超過十萬元時你會覺得很開心，終於可以過上自己滿意的生活了，但當被動收入從十萬提升到十一萬、十二萬甚至二十萬時，你的快樂指數不見得會比一開始達到財富自由時高，因為已經有了「邊際效用遞減」。

人在忙於生存時，有時會忘記真正重要的事物是什麼，每天辛勤工作，忙得不可開交，空閒時能夠休息也許就很滿足了，這階段會以為賺錢是最重要的事，因為錢能讓人活下來。但「生存」只是動物的本能，「生活」才是身為人的獨特之處。譬如能夠找間靜謐的咖啡廳，細細啜飲一杯咖啡帶來的醇香。沉浸在閱讀的世界裡，獲取知識衝擊後的快感。看一部經典電影，讓自己身臨其境地融入電影中。找間喜歡的餐廳，坐下來好好品嘗美食帶給自己的味覺饗宴。能夠從這些日常中體驗到生活的美好，對生命才能擁有更多熱情。

從日常生活中觀察自己，找到自己的生活興趣，會讓你情不自禁想要投入其中，甚至無償都願意，這就是「志向」。找到志向的人，一輩子都不會茫然，因為知道自己想做什麼，也知道做什麼開心，就能夠一直做下去。做喜歡的事情是沒有終點的，更沒有退休的概念。巴菲特即便高齡九十多歲，依然會每天進辦公室工作，他很喜歡自己的工作，對他來說工作並不是為了生存，而是生活的一環。《與成功有約》的作者史蒂芬·柯維於七十九歲時辭世，當時他還正全力投入十項不同的寫作計畫中，可以說他從未有過退休這個念頭。

財富自由是讓我們實踐自身志向的輔助條件，不用為錢擔心，才能追求更高層次的自我。記得有次跟朋友聊天，對方是名身心靈老師，我問他普通人到底該怎麼修練才能更快達到效果，他回答我：「先財富自由。」我聽到這個回答一開始很訝異，但他接著說：「財富自由後才更有餘裕追求心靈成長，去了解什麼是愛跟慈悲。」確實是如此，當手上的麵包都不夠自己吃，還要學習分享的確不是一件容易的事，這也是為什麼很多人的志向是當志工回饋社會，卻只能等到退休後才開始進行，因為太早開始會導致自己心有餘而力不足。

馬斯洛理論提到五種「人的需求層次」，順序由下而上是生理、安全、社會、尊重、自我實現。從這理論就會發現，其實財富是為了滿足需求而使用的工具，需求層次越高通常要使用的財富也越多，而能滿足越多需求層次的人快樂指數越高。

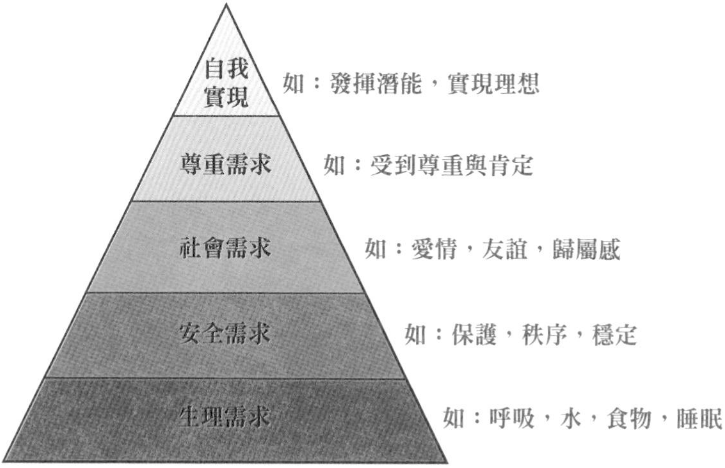

Maslow 需求層次理論（1943 年）

對一個想成為作家的人來說，他的自我實現也許是全心投入寫作，這需要有足夠的被動收入作為生活支撐。對一個想開咖啡廳的人來說，他的自我實現就是開自己理想中的咖啡廳，並且有足夠資金作為生活與公司營運支撐。

按照自己想要進行的自我實現目標當作「第二階段目標」，而實現第二階段目標需要的財富則為「第一階段目標」，就會很明確知道自己的人生路徑該怎麼規劃。

追求財富可能有終點，追求志向卻沒有止境。

別在追求財富上耗盡人生，這只是體驗人生的手段而已。

9 放棄的人，永遠不會到終點

有些人問，怎麼樣的人容易成功？真要回答的話，我想應該是懂得「堅持」的人吧！

《阿甘正傳》(Forrest Gump) 的主角將堅持這件事詮釋得很好，因為先天智商缺陷，他會做的事不多，但只要做了就會做到底，對他而言，把眼前能做的事情做到最好就是最簡單的事，而全力以赴做好每一件事情給他帶來的收穫也都非常可觀，無論是讀書、運動、從軍、工作、愛情，每一件他堅持到底的事，都給他帶來了最好的結果。

回到生活中來看就會發現，其實我們都有能力做好身邊的每一件小事，只是我們不願意「堅持」去做好這些事，就像很多人減肥為什麼失敗？絕對不是因為他沒辦法做好減肥需要做的事，一天少吃一些真的沒有很難，去健身房把訓練做完也並不難，但如果要把這些事情延長到三十天、三百六十五天，很多人就是做不到。一次閱讀個半小時，也不是什麼難事，但要延長到一週、一個月，很多人也是做不到。說白了這不是難度問題，是「堅持」不了，凡事三分鐘熱度就是大多數人失敗的原因。為什麼會堅持不了呢？其實就是不夠「想要」而已。你沒自己想像中這麼想要減肥，或是還沒這麼想要學習。雖然你明明知道不堅持就瘦不下去，也知道不學習就不會成長，但現在就真的沒這麼想要，所以身體動不了。

為什麼人不行動？根本原因是「還沒想通」，沒有一個人會在完全想通行動的好處後卻不行動的。當我們發現自己行動不了時，要做的是讓自己去理解到底為什麼要行動？有人可以透過主動學習來思考，譬如閱讀、上課等，這部分人是相當幸運的，因為這是最低成本的想通方式。另外一部分人要透過自身體悟才想通，譬如生過一場大病才知道健康的重要，經歷詐騙才知道學習投資理財的重要。這部分人就比較辛苦，因為想通的成本高非常多。當然也有少部分人，一輩子都沒想通某些事，所以一輩子都沒能堅持做下去。

有不少人會問，四十歲才開始投資理財會不會太遲？五十歲才開始健身來得及嗎？六十歲才開始學英文會不會太晚？相信我，無論何時開始，只要願意開始就是「最好的時間點」。每個人的終點本來就不同，沒必要去跟別人比較，我們跑的都是專屬於自己的賽道，終點線因人而異，唯一相同的是，起點都是零，我們能做的就是盡早讓自己跑起來，越早跑就能越快到達終點。不會有人去取笑正很努力跑的那個人，無論他何時開始跑，我們都知道盡力就好了，畢竟這是屬於自己的人生。也許有的人跑得早，四十歲前就達到財富終點線了，但那也不是終結，他依然會有自己的其他賽道要跑。而有的人晚點跑，六十五歲才達到財富終點線，那也很棒啊！至少靠自己的努力抵達目標了，問心無愧。無論幾歲開始起跑，只要跑起來就有機會完成，唯一不會到終點的，絕對是從沒開始跑的人，與跑到一半放棄的人。

車子怎麼樣最耗油？就是加速到一定的速度後，踩了剎車停下，又接著加速，又踩煞車停下。那怎麼樣最省油？就是加速之後一直保持在一定速度，不踩剎車長期行駛。人也是一樣的，做一件事情斷斷續續，除了耗費心力外，效益又差，不斷重複開始、放棄、開始、放棄的循環，這樣的人要到達終點是很難的，因為身體已經習慣放棄了，當一件事情習慣性放棄，就很難堅持下去。最好的方式就是開始了就不要停下，一直給自己各種動力，持續堅持，讓慣性帶著你衝刺，當習慣養成就融入生活變成日常，一直持續總會有完成的那天。

要讓自己堅持下去，還有一個訣竅，就是專注於你的目標。有個年輕人請教巴菲特如何規劃自己的職涯，巴菲特給他一個建議：寫下人生中想完成的二十五個目標，接著選出最重要的五個目標，在完成這五個目標之前，剩下的二十個都別去做。當一個人什麼都想做，通常什麼都做不好，而做不好就更容易放棄，學會專注能讓我們把精力花在真正重要的事情上，要做的事情越少，就越容易堅持下去。

放棄很容易，但堅持才能成功。

專注把幾件事做到極致，比同時嘗試十幾件事更有效率。

10 累積的過程，也要記得活在當下

每天我們都會回顧過去的經歷，也不斷創造未來的走向，但真正重要的還是「現在」。

縱使過去再怎麼重要，也不值得一直沉浸在裡頭。過去的一切僅供參考，是為了讓我們活出更好的未來所用，千萬別留戀。有些人經歷過大起大落後，就陷在裡頭出不來，也許曾經投資失利、創業失敗、感情不順、交友不慎，導致一直停留在過去的情緒裡，即便過了幾年、幾十年依然走不出陰影，只要遇到事情就掀起不幸的回憶，接著讓自己進入當時的情緒中，再一次成為「過去的受害者」。

過去就過去了，一次的事件只有一次真實傷害，其餘的傷害都是自己造成的。人總要向前看，如果一直不放過自己，那就會錯過更多美好的風景。人生就像拿到一張遊樂園的無限門票，我們不該因為害怕其中一個遊樂設施，就讓自己失去其他體驗。

也別讓自己相信，過去的體驗已經是最好的，否則就像某些人只能話「當年勇」，七老八十還在講自己二十幾歲的故事，那中間幾十年不就白活了？你累積的可不能只是年紀，隨著智慧與經歷的成長，要有信心隨時都能突破過去的自己，「過去只是一個標準，用來讓你打破的。」

只顧著活在未來，也會讓你錯過很多風景。有人說：「等我成功了，我就有時間陪伴家人。」問題是我們怎麼知道家人是否等得到我們成功呢？愛要及時，陪伴亦是，有些事情是沒辦法耽擱的，不是每一個人都能悠悠哉哉地等我們。每個人的時間都很寶貴，當我們的行動牽涉到另外一個人的人生，比起未來更應該重視「現在」。

要是有個人對伴侶說：「等我成功了，我就娶你。」那這段婚姻大概結不成，誰知道等你成功還要多久？你有選擇，對方當然也有，未來再大的鑽戒也可能比不上現在的單膝下跪。

我們也不可能等到財富自由後才開始陪伴家人，父母終究比我們年長，爺爺奶奶就更不用說了，他們不見得都能夠等到我們光宗耀祖，對他們來說，也許平日裡的噓寒問暖更容易感到幸福。

孩子的童年也只有一次，錯過了這些時間的陪伴，長大後再多的物質也買不回孩子的回憶。睡前的床前故事，動物園的冒險，夏日的泳池，每天的一句「我愛你」，這些都比更多的零用錢讓孩子感動。

也別去煩惱太多未來的小事，明天該發生的小事就任由它發生，你要做的是從今天每一件小事中細細品味生活的樂趣。比起煩惱明天會不會下雨，不如多享受今天的陽光。

我時常開車載著家人出去走走，開車時我不會一直看著後照鏡，因為那些畫面都會隨著行進變得越來越模糊，這就是「過去」。我大部分視線會直視前方，畫面會從遠處的輪廓隨著向前變得越來越清晰，這就是「未來」。但真正令我感到享受與快樂的，是我當下在車上與家人的相處，我們一路上有說有笑，每一刻都值得珍惜，這就是「現在」。

看著後照鏡能讓你遠離危險，看著前方能協助你前進，但當下在車內握著方向盤的自己才是真正重要的，因為「現在的你」才能決定要去哪、要做什麼。

有段時間我忙於工作，每天長時間上班像個機器人一樣運轉，那段時間的自己好像很久都沒有笑過，生活被工作堆滿，一直忘記給自己休息的時間。某天索性安排了聚會，找了一群朋友來玩桌遊派對，當天發生非常多趣事，大家十分投入在遊戲中，整場笑聲從沒間斷過，大概好幾年沒有玩得這麼開心，拍了很多照片跟影片，直到現在看到都還是會笑。我才意識到原來重拾笑容一點都不難，只是需要讓自己好好活在當下，而我隨時都有能力讓自己享受當下，因為方向盤一直都在我手中。

喜怒哀樂皆是我們感受當下的方式，想哭就哭，想笑就笑，只要這樣做能讓我們好好感受自己，就去做吧！

過去跟未來的自己都很重要，但依然不能取代現在的自己。

好好感受當下，活在當下的才叫作人生。

結語

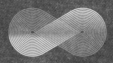

財富是吸引來的

本書已經寫到結尾了，但沒有寫上任何一個能確切發家致富的方法，是因為我認為，即便寫上了我正在使用的方式，也很可能不會造就同樣的結果，我的經歷、學習歷程、背景都只屬於我自己，這都是沒有辦法複製的。所以我寫的都是我面對事情時的思維方式與邏輯。人生沒辦法複製，但我相信思維可以，因為我也是從其它地方學到這些想法的。透過這些概念，我讓自己出社會後，無論是主動與被動收入都持續維持高成長，並且不用經過別人同意就能賺到這些錢。

一定有人好奇，這本書叫作《被動致富》，但書裡面的內容看起來都很主動積極，到底哪裡被動了？讓我好好解釋，被動致富的緣由是，我發現當一個人的價值最終會等同價格時，那麼只要做一件事就好，就是「不斷提升自我價值」。我開始整理致富需要的心態與思維並且讓自己能夠一一實踐，練習做到知行合一，當我將這些思維逐漸內化時，發現自己的財富提升了，而且速度極快，前期幾乎都是用倍數計的，過程中比起追求財富，更多時候我只是追求「成為一個更好的自己」，這樣反而讓我獲得更多。因為是透過成長才獲得的收入，反而進入一種「不可逆的成功狀態」。人不會輕易遺忘自己的技能、知識、經驗，靠實力獲得的東西不容易被奪走，收入上去了之後要突然歸零幾乎是不可能的，因為能賺錢的方式只會越來越多，這跟領薪水不太一樣，收入的掌控權都在自己手上而非他人。就像你現在在看這本書，無論當下我在幹什麼，我都獲得了這本書的版稅收入，非常感謝你呢！

當你努力地提升自己，周遭的人際關係也會有所改變，漸漸地你會發現，今天一個人會成功，其實是因為他身邊很多人都希望他成功，他們或多或少都感受到熱情、受過幫助、甚至一起學習與成長，而這些能量聚集起來又協助你更進一步邁向目標。

很多事情用吸引的比用追求更容易一些，譬如追女孩子，與其花時間死纏爛打，不如將注意力放在自我成長，對方喜歡的樣子你都有，自然能吸引到對方，這可比死纏爛打有效率多了。財富也是如此，每天只用同樣的自己去追求更多財富是不切實際的，更好的方式是成長到讓自己配得上這些財富，自然會吸引到幫助你賺錢的機會、人脈，而你要做的就是好好把握，不錯過每一次機會即可。

我們每天都要做不計其數的抉擇，讓自己擁有更好的思維模型，就能夠少犯點錯，人跟人的差距只是「選對次數」的差異而已，就像同一支股票，給兩個不同的人操作，結果可能截然不同。對於一個思維模型足夠強大的人，很輕易就能做出正確的重大決策，也能輕鬆迎來選擇後的戰利品，在外人看來非常不可思議，但其實要擁有這些思維，背後付出的代價也許不是每個人都能承擔得起，而財富就容易被這種人吸引，畢竟他們願意付出別人無法付出的代價，自然能享受別人無法享受的成果。

誠摯的希望，每一個看完這本書的讀者，能夠身體力行地實踐書中的觀念，因為雖然寫的都是思維，但如果身體無法配合，腦袋裡的東西依舊無法實現。聚焦在未來，是只有人類才能做到的事，某種程度我們都是自己的預言家，你能決定每天起床做什麼，只要一個念頭閃過就能馬上去做，每天都能創造新的人生，只要你想就能辦到。知識是拿來「用」的，把這本書當作工具書看待，遇事就拿起來翻一翻，也許能找到一些不錯的提示。至少會發現，比起算命師，用這些方法改運改命的效果會更好一點。

實作的過程中一定會遇到很多挫折，千萬千萬要記得，不要有「受害者心態」，你有能力做自己的主人，所以問題請從自己身上找，當一個「勇者」，好好面對這些課題，無論發生什麼事，都是上天最好的安排。財富不會追隨一個受害者，只會追隨勇者。

也要記得一個人擁有的資產不只是錢，錢只是其中一種形式而已，過度追求金錢，反而會忘記更重要的資產是什麼。有種人非常有趣，他們會說「我什麼都有，就是沒錢。」既然什麼都有，又怎麼會沒錢呢？除非他忘記了能賺錢的資本就是「他自己」。

「富有」最終只是一個里程碑，是我們成長後自然會漸漸擁有的狀態，但人生絕對還有比賺錢更重要的事情，錢生不帶來、死不帶走，你唯一能留下的就是永恆的自己。何謂永恆的自己？就像孔子離世幾千年，但是儒家思想依然影響我們深遠，而我們能留下的也是這些思想，身邊的人會記得我們說過的話、做過的事、創造的回憶，這才是最後所能留下最有價值的財富。

一個人的價值最終來自於「這輩子能幫助多少人」，所以如果真的要追求快速致富的話，這應該是最快的捷徑之一，無論是內在或外在的財富都能從幫助他人來獲得，可謂是最聰明的一種致富方式。畢竟損人利己的事做了心不安，損己利人的事又沒動力做，只有做利人利己的事情才能讓人持續充滿動力。

寫到最後我自己都覺得有趣，寫了一本看似教人如何獲得功利，又要人不這麼功利的書，但現實中確實是如此，我們必須學會用不自私的手段來達到自私的目的，用追求財富以外的成長，來獲取得到財富需要的條件。

凡事都有因果，就像你看到這，也種下了因，至於會開出什麼樣的果，我也很期待喔！

後記

寫完這本書後，我將它當作自己的三十歲禮物，預定在我生日的時候出版，此時兒子也剛滿一歲，希望未來此書也成為他學習財商發展的啟發之一。

我在寫作的過程中，發現自己對於財商教育是非常熱愛的，一想到有人可能因為這本書而開啟了某些財商思維就非常興奮！這讓我回想起當年自己也是透過閱讀，開啟了對於財商的了解與追求，只不過在尋找答案的過程中走了不少彎路，該賠的錢，該受的傷都不少，衷心期許此書能夠讓讀者少走很多冤枉路。

我想以此書作為推行財商教育的開端，後續將從影片、Podcast 節目、演講、課程、財務諮詢等方式，來實踐我對於財商教育的熱愛，期望以這些行動讓更多人領悟到財富自由並不難，難的是沒有方向，不知道怎麼執行而已，當你有清楚的方向與目標，加上足夠熱愛這件事，生命自然會找到出路。

如果你買了這本書，期待有更多的收穫，那本書後面附上的 QRcode 是我提供給大家的學習管道，你可以加入此書的讀者臉書社群，結識更多志同道合的朋友，共同探討被動致富的祕訣。

若看完本書想跟我聊聊或給予建議，也歡迎加入我的 IG 來私訊我。如果期待看到更多我寫的內容或影片，歡迎你加入樂富的官方網站，我會不定期在上面更新部落格與影片資訊，帶給大家更多的財商觀念。最後如果你準備好面對自己的財務，又不知道該如何開始，實在是很想找到一個專業的人替你解答與規劃，也歡迎你加入樂富財務管理顧問的 LINE 預約諮詢。

以上是我在本書寫完後付諸實行的計畫，希望透過這些行動能幫助更多的人探索到財商的重要性與意義。也期待讀者都能找到自己最熱切想做的事，將它給實踐出來，最美好的事情都值得你全力以赴去完成。我們一起加油吧！

國家圖書館出版品預行編目(CIP)資料

被動致富 / 吳子賢作 . -- 初版 . -
新北市 : 耕己行銷有限公司 , 民 111.11
面 ;　公分
ISBN 978-626-96182-1-7(平裝)

1. 成功法 2. 理財 3. 財富

563　111017243

被動致富

作　　者／吳子賢（里歐先生）
出版企劃／鄧心彤
責任編輯／余思慧
美術設計／許喬語
插　　畫／馮羽涵
校　　對／余思慧

發行人／鄭豐耀
總編輯／鄧心彤
出版者／耕己行銷有限公司
法律顧問／誠驊法律事務所　馮如華律師

印　　刷／晨暄有限公司
2022 年 11 月 3 日　初版一刷

定價 350 元
ISBN 978-626-96182-1-7